Hermann Fischer
Hildegard von Bingen

edition lebensbilder

ISBN: 978-3-96337-006-9
Druck: edition lebensbilder, 2017
Die edition lebensbilder ist ein Imprint der Diplomica Verlag GmbH.

© edition lebensbilder, 2017
http://www.diplomica-verlag.de
Printed in Germany
Alle Rechte vorbehalten.
Die edition lebensbilder übernimmt keine juristische Verantwortung oder irgendeine Haftung für evtl. fehlerhafte Angaben und deren Folgen.

Hermann Fischer

Hildegard von Bingen
Biografie

lebens
bilder

HERMANN FISCHER / MÜNCHEN

DIE HEILIGE HILDEGARD VON BINGEN

DIE ERSTE DEUTSCHE NATURFORSCHERIN
UND ÄRZTIN

IHR LEBEN UND WERK

INHALTSÜBERSICHT

	Seite
Zum Geleit! , , ...	7
Einleitung , , ...	9
Das Weltbild der Hildegard	16
Sequenz auf den heiligen Maximin	23
Sequenz zu Ehren Sankt Mariens	24
Die naturwissenschaftlichen Schriften der Hildegard . .	26
Hildegard als Ärztin	33
Die Quellen der naturwissenschaftlichen Schriften der Hildegard , ...	39
Ausländische Heilpflanzen der Hildegard	50
Einheimische wildwachsende Heilpflanzen der Hildegard und ihre Verwendung	51
Hildegards Wissen von den Dingen der unbelebten Natur , , ...	71
Hildegards Tierkunde	79
Die älteste Handschrift der „Physica" in der Wolfenbüttler Handschriftensammlung aus dem 13. Jahrhundert , , ...	105
Die Bedeutung der naturwissenschaftlichen und medizinischen Werke der Hildegard für ihre Zeitgenossen . .	111

Seite

Anmerkungen 113
    Kritischer Vergleich der beiden ältesten Handschriften
    der Physika der Hl. Hildegard von Bingen 113
    Wesentliche Abweichungen des Textes der Wolfen-
    büttler Handschrift von dem Druck bei Migne . . . 113
    I. Buch, de herbis 113
    II. Buch, de fluminibus 124
    de arboribus 125
    III. Buch, de lapidibus 130
    IV. Buch, de piscibus 133
    V. Buch. De Avibus in G. de uolatilibus 136
    VI. Buch, de animalibus 143
    VII. Buch, de uermibus 150
    VIII. Buch, de metallis 154

Literaturverzeichnis 159
    A. Werke über Hildegard von Bingen als erste deut-
    sche Ärztin und Naturforscherin 159
    B. Weitere einschlägige Schriften 160

ZUM GELEIT!

Allen Frauen, die gleich Hildegard in der Sorge um das geistliche und leibliche Wohl ihrer Mitmenschen sich verzehren, allen Männern, die sich darum mühen, das literarische Lebenswerk der Seherin von Bingen klar herauszuarbeiten, sei dieses Buch gewidmet!
Nicht nur eine neue Untersuchung möchte ich an die Fülle des Schrifttums über Hildegard anreihen; denn über die Persönlichkeit, ihr Leben, ihre Mystik, ihre theologischen Schriften und ihre Dichtungen ist wohl das Feinste bereits gesagt worden. Ich denke an May's Biographie, deren Lektüre weiteste Verbreitung verdient. Bühler hat Teile ihrer Werke den letzten Sinn ausschöpfend übersetzt. Naturwissenschaftler, wie Reuß, Jessen, Berendes, Fischer-Benzon, Kaiser und Geisenheimer haben mit Erfolg die Pflanzen- und Tiernamen der Hildegard zu erklären gewußt und ihre Medizin weiteren Kreisen verständlich gemacht.
Was ich will, ist nur eine Klarstellung und eine Zusammenfassung des naturwissenschaftlichen Wissens der ersten deutschen Ärztin und Naturforscherin, soweit es bei tieferem Einblick in die vorhandenen Handschriften möglich ist. Dazu leistet aber die älteste Handschrift der Physika, der M.S.Codex des 13. Jahrhundert in Wolfenbüttel, hervorragende Dienste. Nur mit Benutzung dieses ehrwürdigen Schriftdenkmals wird es möglich werden, eine von sinnwidrigen Entstellungen und Schreibfehlern möglichst freie Ausgabe oder vielleicht sogar eine Übersetzung der Subtilitates diversarum naturarum d. h. der einfachen Medizin her-

auszugeben. Wenn ich zur Erreichung dieses Zieles etwas beigetragen habe, wenn Hildegards Name, der ohne Betonung der religiösen Bekenntnisse unter den Frommen aller Jahrhunderte blühte, neuen Klang erhält auch für die Menschen unserer Tage, so wäre mir das ein schöner Lohn meiner Arbeit. Was Hildegard bedeutet, hat kaum Jemand mit gläubigeren Worten ausgesprochen als D ö l l i n g e r , wenn er sagt:
„Sie ist eine in der ganzen christlichen Geschichte einzig und unerreicht dastehende Erscheinung. So hoch wie sie hat nie ein Prophet sein Ansehen gebracht, so allgemeinen Glauben und uneingeschränkte Verehrung hat nie ein Heiliger gefunden."

München, Ostern 1927.

EINLEITUNG

> Vrouvve Hildegart von Bingen, in der buoche geschriben ist
> Allin ir wort han ich mit warheit ganz durchwegen,
> Der Kunig namen drinne sint, das buch dir der vergith.
> (Älteste Erwähnung der Hildegard in einem deutschen Gedicht Collect. von der Hagen III 468 auct. Marner 118.)

Es ist eine reizvolle Aufgabe, Persönlichkeiten des Mittelalters aus ihrem legendären Dasein gleichsam zu neuem persönlichem Menschentum wieder zu erwecken. Wie roh behauene und doch ungemein charaktervolle Statuen des hohen Mittelalters erscheinen dann zunächst solche Gestalten. Es bedarf schon eines tieferen Studiums ihrer Wesensart, um menschliche, oft auch allzu menschliche Züge zu entdecken, die uns den mittelalterlichen Menschen innerlich verständlich und sympathisch in des Wortes tiefster Bedeutung machen.

Jedes Jahrhundert prägt seinen Menschen den Stempel der Zeit auf. Was charakterisiert nun den Zeitgenossen des 12. Jahrhunderts? Die Geschichte führt uns trotzige, nach Macht strebende Herrscher vor. Es ist die Zeit der deutschen Heinriche, des Friedrich Barbarossa. Allzuweit ausgreifendes Machtstreben führt wiederholt zu jähem Zusammenbruch. Menschen wie Stahl werden im Gefühl ihrer inneren Ohnmacht klein, bedauernswert hilflos. Keine innere durch Geistesbildung gefestigte Größe vermag die Gebrochenen uns näher zu bringen. Wie trotzige, gebändigte Raubtiere werden die Mächtigen oft von ihren eigenen Verwandten festgesetzt. Ich denke hier an den vierten Heinrich in der Reihe der deutschen Könige. Er hatte das traurige Schicksal, von seinen Söhnen besiegt und gefangen zu werden, um auf einem Felsenneste an der Nahe den Rest seines Lebens zu vertrauern. So hatten es wenigstens seine entarteten Söhne ihm zugedacht. Aber ganz so schlimm ist es bekanntlich H e i n r i c h IV. doch nicht ergangen.

Es war im Jahre 1105, als Heinrich auf die Burg B o e c k e l h e i m an der Nahe gebracht wurde. Vielleicht[1] ruhten auf der Gestalt des alten, tiefgedemütigten Kaisers die Blicke eines kleinen Mägdleins, das an Seelenstärke größer als er, ein reicheres und fruchtbareres Geistesleben zu entfalten berufen war als der so wankelmütige Herrscher. Der kleinen Hildegard, dem Töchterlein des Burgvogtes H i l d e b e r t und seiner Gemahlin M e c h t i l d e , mögen damals die ersten Ahnungen aufgestiegen sein über die Eitelkeit alles Irdischen. Sie mag Eindrücke empfangen haben, die sich ihr fürs Leben einprägten, die vielleicht ihre ernste Gemütsart festlegten. Doch auch freundliche Bilder werden ihr Kinderdasein erhellt haben. Wir denken uns die Frühreife als jugendliche Gärtnerin im Burggärtlein, so wie die jugendfrischen Gespielinnen der Madonna im Paradiesgärtlein eines Kölnischen Meisters um 1420. Ein phantasievoller Botaniker (G e i s e n h e y n e r) hält es sogar für leicht möglich, daß die kleine Hildegard auf dem Boeckelheim gegenüber liegenden Felsgelände, dem heutigen Nahegau-Pflanzenschutzbezirk, sich Sträuße von der schönen Fahnenwicke (O x y t r o p i s p i l o s a) gepflückt habe. Immerhin mag sich damals schon die Wißbegierige die ersten Namen der Blumen eingeprägt haben. Auch die Küchenkräuter und die Heilpflanzen mochten ihr mit ihren ortsüblichen Namen bekannt geworden sein und diese Namen hat sie mit zäher Gedächtniskraft bis in ihr höchstes Alter festgehalten. Ihre Frühreife hat Hildegard durch eigenes Zeugnis belegt. Schon im Alter von fünf Jahren — geboren war sie 1098 — hat sie den Strahl der göttlichen Erleuchtung in sich gefühlt, und als sie bereits im 8. Lebensjahr der Oberin Jutta, Schwester des Grafen Meginhard von Spanheim, zur klösterlichen Erziehung in der Klause am nahen Disibodenberg übergeben wurde, da nahmen die Visionen bereits ihr bewußte Gestalt und sie innerlich tief erschütterndes Leben an. So reifte sie in der Klosterstille ihrem Beruf als Benediktinerin entgegen und schon 1136 wurde sie nach dem Tode der Jutta Vorsteherin der Klause.

---

[1] Nach F. W. R o t h sind nur die Geburtszeit und die Namen der Eltern sicher feststellbar.

Die Benediktinerklöster waren seit Walafrieds und Rhabanus Maurus Zeiten der Hort der Naturwissenschaften in Deutschland und die Werke der großen Naturforscher der Antike wurden dort mit gleicher Liebe gelesen und abgeschrieben, wie die der übrigen Geisteswissenschaftler. Die Klosterschule also vertiefte und erweiterte das Wissen der jungen, aufnahmefähigen Hildegard. G a l e n o s , der große Arzt der Antike, ist ihr dort sicher bekannt geworden. Hat sie doch seine Temperaturenlehre und Humoralpathologie in ihre „Physika" und in die Causae et Curae übernommen. Vielleicht hat sie auch durch den Unterricht Einblick gewonnen in die hippokratischen Schriftensammlungen, in die plinianischen und pseudoplinianischen Schriften, in den lateinischen Dioscurides, den Pseudoapulejus, die Rezeptensammlung des Marcellus Empiricus aus dem 3. Jahrhundert n. Chr., in die enkyklopädischen Werke des S o l i n u s und I s i d o r u s . Daß sie etwas von den Werken des letztgenannten großen Spaniers, dessen Ethymologien im frühen Mittelalter in den Klöstern verbreitet wurden, aus dem Unterricht wußte, verraten viele Stellen ihrer Werke. Auch die ältesten salernitanischen Schriften[1], aus denen zu ihrer Zeit der sogenannte „d e u t s c h e B a r t h o l o m a e u s" entstand, mochten damals schon in den rheinischen Klöstern Eingang gefunden haben. Dort in Salerno war es nicht außergewöhnlich, daß Frauen die Heilkunst praktisch ausübten. Hildegard mag die Salernitanerin T r o t u l a gegenübergestellt werden, deren Name in der Medizingeschichte einen guten Klang hat.

Daß wir mit vier Ausnahmen nirgendwo Zitate in Hildegards Schriften finden, braucht uns bei ihrer Unkenntnis der lateinischen Sprache nicht zu wundern. Sie konnte die Bücher der antiken Schriftsteller nicht selbst lesen. Aber sicher wurde damals schon in deutscher Sprache aus diesen Werken gelehrt. So entstammt ihr ganzes Wissen mündlicher Tradition. Dieses Wissen gestaltete sich so originell in ihrer reichbegabten Phantasie, daß

---

[1] in H_2 Kaiser 99_{31} u. 179_{27} zwei Kapitel: De sifac ruptura [Roger. Chir. in Renzii Coll. Sal. II 482]. Sifac = Bauchfell ist ein arabisches Wort und erscheint in der abendländischen Medizinliteratur zuerst bei C o n s t a n t i n u s A f r i c a n u s .

wir es verstehen können, wenn Hildegard sagt, Gott habe ihr die feinen Eigentümlichkeiten der Naturen der lebenden Wesen durch Visionen enthüllt. Wir nennen das heute Intuition und originelles Denken. Recht fein sagt übrigens der bekannte Jesuitenpater und Zoologe W a s m a n n (12) in Hinsicht auf dieses Problem, daß doch auch die Gabe der Naturforschung ein wahres Gottesgeschenk sei. Was Hildegard ihren Sekretären diktierte, unterschied sich so ganz von aller scholastischen Gepflogenheit, ist so wenig reine Paraphrase der antiken Texte, daß wir staunend vor dem Phaenomen einer fast überzeitlichen Originalität stehen. Da aber jede Wissenschaft ihre Quellen hat, muß auch die der Seherin von Bingen ihren Ursprung haben. Ich habe bereits den Unterricht in der Klosterschule genannt. Hildegard hat aber auch aus der volkstümlichen Heilkunde ungemein vieles entnommen. Das beweisen die abergläubischen Verwendungen der Pflanzen, besonders der Bäume. Hier gehen die Quellen sicher auf die germanische Urzeit zurück. Der heidnische Charakter dieser Vorschriften ist nur notdürftig mit christlichen Segenssprüchen und Gebetsformeln verputzt, wie wir sie auch in den verschiedenen Fassungen des deutschen Bartholomaeus finden. W a s m a n n nennt darum ihre „Physika" d. h. die Lehre über die einfachen Heilmittel mit Recht ein Kompendium der alten Drudenweisheit. (Vergl. auch G r i m m. Deutsche Mythologie.)
Viele naturwissenschaftliche Tatsachen übernahm Hildegard auch aus dem alten und neuen Testament, dessen Kenntnis ihr schon Jutta vermittelt hatte. Wie vielen Zeitgenossen ist ihr wohl jede Schriftstelle immer im Gedächtnis gegenwärtig gewesen. Vor allem ihr Wissen über die Steine lehnt sich eng an die Erwähnung einer Anzahl von Edelsteinen bei Moses im II. Buch Exodus und in der Apokalypse des Johannes an. Auch aus dem Steinbuch des Bischofs M a r b o d u s , der kurz vor ihr blühte, klingt einiges durch. Ihre Tierkunde schöpft sie wieder aus den uralten Quellen der germanischen Mythologie. Viele Tiere erwähnt sie, die zu ihrer Zeit noch lebten, heute aber ausgestorben sind, andere entlehnt sie der im Mittelalter hochgeschätzten Na-

turgeschichte des Plinius (R e u ß), nach meinen Feststellungen auch den bekannten mittelalterlichen Tierfabelbüchern, dem Physiologus, dessen Uranfänge hellenistisch sind, und dem Bestiarius.

Die Zweifel an der Echtheit der Hildegardschen Schriften sind heute widerlegt. Schon die Art ihres Schrifttums spricht für die Echtheit auch der naturwissenschaftlichen Schriften. Da ihr häufig die lateinischen Fachausdrücke fehlen, setzt sie unbedenklich deutsche Namen in den lateinischen Text und liefert so eine unerschöpfliche Quelle auch für den Sprachforscher. Übrigens tragen auch einige ihrer theologischen Schriften, wie das Buch vom verdienstlichen Leben, ganz den Charakter der naturwissenschaftlichen. Auch als Dichterin und Komponistin verrät die erste deutsche Mystikerin ein feines Naturgefühl.

Es ist nicht Sache des Naturwissenschaftlers, Hildegards Ruhm als Mystikerin zu rechtfertigen. Die Art ihrer Mystik ist ganz die der Apokalypse des Johannes, die sie gewissermaßen fortsetzt. Dabei bewahrt sie aber durchweg ihre Eigenart als Kind des 12. Jahrhunderts. Trotz der nervösen, übersensiblen Grundstimmung ihres Seelenlebens — heute würde man sie kurzweg hysterisch nennen — hat sie nichts von der weltflüchtigen, asketischen, den Körper auf Kosten des Seelenwohls vernachlässigenden Art der Mystikerinnen des 14. Jahrhunderts. Bei tiefster Religiosität ist sie ihrem innersten Wesen jenen in Gott dahingerafften Minnerinnen, wie B ü h l e r (2) sagt, fremd. Sie würde kein Verständnis gefunden haben für das Schrifttum einer M e c h t i l d v o n H a c k e b o r n und anderer Mystikerinnen des 14. Jahrhunderts, mit denen man sie in eine Linie stellt. Eher befinden sich in Hildegards Natur Berührungspunkte mit den Heiligen der Merowinger, den Königinnen C h l o t h i l d e und R a d e g u n d e. Wie jene hat sie Forderungen der praktischen Liebestätigkeit des Frauentums immer erfüllt, sei es, daß sie organisatorisch das Klosterleben ihrer Nonnen verbessert, sei es, daß sie sich als Ärztin um die Leiden des armen Volkes gesorgt und im Dienste der Leidenden und Unterdrückten sich verzehrt hat. Wir bewundern die Energie, die sie, die Ungebildete in allen Wissen-

schaften, noch im vorgeschrittenen Alter von 43 Jahren zu eigner literarischer Tätigkeit trieb, die sich bis ins 75. Lebensjahr fortsetzte. Wir staunen aber auch über die Autorität, die sie im Briefwechsel mit den Kaisern Konrad III. und Friedrich Barbarossa, mit den Päpsten Hadrian IV. und Alexander III., mit einer endlosen Zahl von Erzbischöfen, Bischöfen, Äbten und Laien, zu entfalten wußte. Unbeirrt in ihrem Urteil, hat sie kein Blatt vor den Mund genommen, wo es Unrecht zu bekämpfen galt, und noch im hohen Alter focht sie einen schweren Strauß mit dem Erzbischof von Mainz, der ihr Kloster mit Interdikt belegt hatte, bis zu einem ihr günstigen Ende durch.
Uns Menschen des zwanzigsten Jahrhunderts muß eine Nonne des zwölften sympathisch berühren, die auch im Kloster den Sinn für das Schöne und die Forderungen der Hygiene über weltflüchtige Ideen und den Körper zerstörende Kasteiung stellte. Wir wissen, daß Hildegard ihre Nonnen geschmückt zum Gottesdienste eilen ließ, daß sie den Kirchengesang, die symphonische Dichtung, die dramatische Kunst pflegte, daß sie für ihre Zeit unerhörte hygienische Vorschriften und Einrichtungen gab, z. B. Wasserleitungen und fließendes Wasser in jeder Klosterzelle, besondere Anweisungen für die Zahnpflege usw.
Wenn wir mit Erstaunen die Leistungen dieser einzigartigen Frau vor unseren geistigen Augen vorüberziehen lassen, dann mag sich uns naturwissenschaftlich eingestellten Menschen doch die Frage aufdrängen, wie erklärt sich das Auftreten solcher hochbegabter Frauen in einer Zeit, die von Waffenlärm in Europa widerhallte, in der es für den Mann viel rühmlicher galt, das Schwert zu führen als die Feder. Es scheint, daß alle energischen Männer jener Zeit ganz nach germanischer Sitte und noch unberührt durch die doch immerhin etwas verweichlichenden Kultureinflüsse des 13. Jahrhunderts mit seinen Minnesängern, höfischen Dichtern und Romanschreibern noch restlos von der Größe und Bedeutung ihrer politischen Aufgaben durchdrungen waren, die die Weltmachtbestrebungen ihrer Kaiser an sie stellten. Die geistige Entwicklung aber, die jede politische Größe eines Volkes zur Folge hat, hat aber zweifellos schon im 12. Jahr-

EINLEITUNG

hundert eingesetzt; nicht eine Renaissance wie zu Zeiten Karls des Großen, nicht eine Wiederbelebung der antiken Kultur, die sich selbst in den naturwissenschaftlichen Schöpfungen auf deutschem Boden im 9. und 10. Jahrhundert verrät, sondern die ersten Keime urdeutscher Geisteskultur. Ein Dreigestirn von deutschen Frauen eröffnet wie jene altgermanischen Walen den Reigen, H r o s v i t h a v o n G a n d e r s h e i m , H e r r a d v o n L a n d s b e r g und H i l d e g a r d v o n B i n g e n. Innerlich sind jene drei Frauen in ihrem Denken, Fühlen und Wollen eng verbunden. Es ist ihre Art gleich einem unbezwingbaren Frühlingssturm, der in die Herzen der Deutschen fährt und der sie aufhorchen läßt. Klänge hören wir aus alter germanischer Vorzeit lieblich verwoben mit sanfterer christlicher Denkweise und Lebensidealen höheren Schwunges, als sie die heidnische Vorwelt kannte, Blüten öffnen sich über Nacht, die den Duft jenes Naturgefühls entströmen, das dem Germanen ein heiliges Vermächtnis seiner Vorzeit dünkt und Preislieder ertönen aus dem Munde jener Frau im Nonnenkleide, die sich auf der Höhe des Rupertusberges in Christo begraben ließ, Preislieder, die eher den Helden vergangener Jahrhunderte als Heiligen gewidmet erscheinen:

> Oh die ihr euch erlabt
> der Würze in dem frischen Grün
> darin die Gärten des Königs prangen
> die zur Höhe ihr anstiegt,
> nachdem ihr des Opfers Heiligtum,
> des Widders Weihgeschenk dargebracht habt.
>
> (Aus der Sequenz auf den heiligen Maximin)

DAS WELTBILD DER HILDEGARD

Man kann die Einstellung des mittelalterlichen Menschen zur Umwelt nur verstehen, wenn man sich den Grundsatz der religiösen Menschen jener Zeit vor Augen hält: credo ut intellegam. Vertiefung in die Geheimnisse der Religion gewährleistet jede Erkenntnis auf naturwissenschaftlichem Gebiet, zeigt die Wege der Forschung und läßt den Gläubigen die Irrwege vermeiden. Die Gefühlssicherheit des mittelalterlichen religiösen Menschen ist nicht nur Grundlage seiner Geisteskultur, sondern sie tritt auch intuitiv da in ihr Recht, wo heute nur die Wege experimenteller Forschung denkbar sind. Das dürfen wir nicht aus dem Auge verlieren, wenn wir Hildegards Einstellung zu den Dingen der belebten und unbelebten Welt kritisch beleuchten wollen. Sie selbst treibt Naturwissenschaften nur intuitiv. Aber ihr starker Intellekt läßt sie naturwissenschaftliche Tatsachen auch da erkennen, wo im Mittelalter jede experimentelle Erfahrung fehlt, ihre Seherkraft erkennt Gesetze, die erst im Zeitalter der Naturwissenschaften wieder entdeckt wurden. Ich erinnere an jene Stelle im zweiten Buch ihrer Physika, in dem Kapitel über die Luft, wo ganz unverkennbar die Grundlagen des Gesetzes von der Erhaltung des Stoffes niedergelegt sind. May hat darauf schon früher hingewiesen. An einer anderen Stelle — im Prolog zu ihrem Steinbuch — gibt Hildegard eine ganz brauchbare Erklärung über die Entstehung der Mineralien und über die Bildung der Flußsande, wie sie dem großen Albertus nicht annähernd so gut gelang. (Vergl. S. 72.) Solche Beispiele ließen sich beliebig vermehren. Man sage nicht, daß hier Zufallstreffer

DAS WELTBILD

vorliegen. In der Sphäre magischer Auswirkung der Naturkräfte zeigt Hildegard eine erstaunliche Erkenntniskraft. Aber es gibt auch Dinge, deren Wesen nur die mit besonderen Hilfsmitteln arbeitende experimentelle Wissenschaft ergründen kann. Hier versagt natürlich die wissenschaftlich ungeschulte Klosterfrau. Sie hat im Reiche der belebten und unbelebten Natur nur auf engbegrenzten Gebieten Erfahrung sammeln können z. B. über die Heilwirkung der Kräuter, über die Fische und die sonstige Tierwelt in der Umgebung ihres Klosters. Hildegard selbst hatte niemals Zweifel an der Richtigkeit ihrer Erkenntnisse. Was ihr das wahre Licht, die Intuition geoffenbart hatte, das hielt sie für unumstößliche Wahrheit. Seit ihrem fünften Lebensjahre hatte sie solche Erleuchtungen genossen und sie blieben ihr auch im späteren Leben treu. Die Erfahrung hatte sie gelehrt, daß solche Visionen untrügliche Weisungen für ihre eigene Lebensführung enthielten, denen sie sich nicht entziehen konnte, ohne in körperliche und seelische Not zu geraten. Vielleicht hat auch die Zustimmung der höchsten kirchlichen Autoritäten, des Papstes Eugen des Dritten und des von ihr hochgeschätzten Bernhard von Clairvaux, die auf dem Trierer Conzil 1147 die ersten literarischen Versuche (einige Bücher des Scivias) approbiert hatten, ihre Selbstsicherheit gestärkt. Auch weiterhin ist ihren literarischen Leistungen die Zustimmung der höchsten kirchlichen und weltlichen Kreise niemals versagt worden. So können wir auch ihr großes Selbstbewußtsein verstehen, das sie in Briefwechseln mit Kaisern und Königen, Päpsten und Bischöfen entfaltete. Denn trotz ihrer an sich bescheidenen Natur war sie von ihrer göttlichen Sendung ebenso fest überzeugt, wie etwa eine Jeanne d'Arc von der ihrigen. Niemals spannte sie ihre Ziele allzu hoch. Was sie erreichen wollte, hat sie stets erreicht, wenn auch oft unter schweren Kämpfen.

Da jeder Charakter seine besondere Einstellung zur Welt hat, ist es notwendig, den der Hildegard mit einigen Worten näher zu beleuchten. Hildegard war mit ihrem Jahrhundert nicht zufrieden, sie klagt öfters darüber, daß es weibisch sei und sie verurteilt mit harten Worten die Üppigkeit vieler Prälaten jener Zeit.

Wenn ihrem Charakter also auch eine gewisse Härte und männliche Energie eigen war, so fehlt ihr doch nicht weibliche Art, wie z. B. ihre Liebe zum Schmuck. Weißgekleidet, mit Blumen bekränzt, das Bild des Lammes als Symbol des Opfers auf der Stirne, schritt sie an Feiertagen mit ihren Töchtern zum Altare. Trotz ihres mächtigen Tätigkeitsdranges war ihr aber auch weibliche Scheu und Zurückhaltung eigen, denn erst nach langem Bedenken und nach gründlicher Beratung mit ihren geistlichen Freunden begann sie nach ihrem 40. Lebensjahr, ihre literarische Tätigkeit, auf naturwissenschaftlchem Gebiete erst nach dem 50. So stand sie den vielfarbigen Dingen der Welt mit jener inneren Abklärung gegenüber, die wir beim Lesen ihrer Schrifften mit Genuß empfinden und die Hildegard vor anderen etwas schwarmgeistigen Zeitgenossen — ich denke an E l i s a b e t h v o n S c h ö n a u — vorteilhaft hervorhebt. Es erlaubt Rückschlüsse auf das Ansehen der Seherin von Bingen, wenn wir aus ihren Briefen erfahren, daß Kaiser wie Konrad III. und Friedrich Barbarossa sie in wichtigen Angelegenheiten zu Rate zogen und wie letzterer zu Ingelheim sie auch in persönlicher Aussprache in Reichsangelegenheiten an sich heranzog.

Bei dem gewaltigen persönlichen Einfluß, der Vielseitigkeit ihrer Interessen und einer überragenden Intelligenz überrascht Hildegards enger Horizont vielen Weltdingen gegenüber. Hier wirkt sich die klösterliche Enge aus, in die 40 Jahre ihres Lebens kein Laut der Außenwelt drang. Wir staunen über einige Anschauungen Hildegards, die sie über die Stellung der Erde im Naturganzen, über die Gestirne, über den Kreislauf des Wassers, die Natur der Luft, über den Lauf der Flüsse und andere geophysikalische Dinge entwickelt. Wie konnte die sonst so sorgfältige Beobachterin zu der Anschauung kommen, daß die Flüsse durch den Ansturm des Meeres entstünden, nachdem ihr doch die tägliche Beobachtung zeigen konnte, daß sie dem Meere zueilen? Oder will sie nur sagen, daß das Meer die Urquelle des Wassers ist?

Es ist kein Zweifel, daß wir in nicht zu ferner Zukunft wieder besseres Verständnis für das Weltbild der Hildegard gewinnen

DAS WELTBILD

werden, denn die magische Weltauffassung gewinnt an Boden. Neben magischen Elementen, die überwiegend sind, kommen in Hildegards Weltbild auch primitive und antike zum Vorschein. Sie kennt die antike Elementarlehre. Gott, so sagt sie, hat die Elemente der Welt geschaffen. Sie weben und leben im Menschen, und dieser arbeitet mit ihnen. Feuer, Wasser, Luft und Erde, diese vier Elemente sind so miteinander verbunden, daß keines vom anderen getrennt werden kann und alle zugleich sind im Firmament enthalten. Unter seinen Bestandteilen ist die Sonne das wesentlichste. Die verschiedene Größe der Sterne erklärt Hildegard in einem merkwürdigem Bilde. Sie ragen wie Berggipfel aus dem Firmament zur Erde hernieder und sie sind um so größer, je näher sie an die Erde heranreichen. Die Entstehung des Sturmes wird auf die Anziehung der Ätherwärme zurückgeführt, die wieder Wolkenbrüche herniederrauschen läßt, (vom Himmel kommt es, zum Himmel steigt es). Wie ein Herdfeuer einen Topf zum Überkochen bringt, so erscheint ein Unwetter, hervorgerufen durch allzu große Ätherwärme. Magische Wirkungen, sei es, daß die Naturereignisse als Strafgerichte Gottes erscheinen oder zukünftige Dinge vorbedeuten, werden überall in primitiver Weise angenommen. Die (elektrischen) Spannungen in der Luft entstehen durch die Austrocknung derselben und haben Gewitter zur Folge. Graduelle Unterschiede sind Wetterleuchten und Donner. Der Hagel ist gewissermaßen das Auge des Donners d. h. er entsteht aus dessen Kälte. Die vier Hauptwinde sind die Flügel der göttlichen Allmacht.
Selbst über den Begriff des Nichts philosophiert Hildegard. Eigentümlich ist auch die Auffassung, daß das ganze Weltgefüge durch die Winde zusammengehalten werde. Ähnliche Kraft wird aber auch der Sonne zugeschrieben. Der Mond besteht aus Feuer und dünner Luft und wird, wenn er abgenommen hat, wieder von der Sonne entflammt. Das Mondlicht wird auf die Sterne übertragen, deren Eigenlicht dadurch verstärkt wird.
Sollen wir Hildegards astronomischen und geophysikalischen Phantasien weiter nachgehen? Ich fürchte, daß eine trockene wissenschaftliche Untersuchung deren poetischen Gehalt nur

zerstören kann. Wer sich durch den Schwung der Hildegardschen Darstellungen erbauen will, der lese die meisterhaften Ausführungen bei M a y (5), oder besser noch die deutsche Übersetzung dieses Teiles der Causae et Curae bei B ü h l e r (2). Im letzten Hauptwerke der Dichterin im Nonnengewand, im Buch vom verdienstlichen Leben, ist die ganze Weltenschöpfung nocheinmal in so grandiosen Bildern vorgetragen, wie wir sie ähnlich nur in der Apokalypse wiederfinden.

Zu Hildegards Weltbild möge nun als Schlußstein noch ihre Einstellung zu den Dingen der belebten Welt in kurzer Untersuchung sich einfügen. Man hat der Heiligen sogar monistische Anschauungen untergeschoben. Klingt es nicht wie ein Bekenntnis zum Glauben an die Einheit der Materie in der belebten und unbelebten Natur, wenn Hildegard sagt: Die Elemente, das Feuer, die Luft, die Erde, das Wasser sind im Menschen und wirken mit ihren Kräften in ihm und kreisen in seinem Wirken schnell in ihm, wie ein Rad mit seinen Rundungen? An einer anderen Stelle heißt es aber: Alle Elemente dienten ihm (dem Menschen), weil sie fühlten, daß er Leben hat. Wir sehen, die alte antike Lehre von den Elementarqualitäten erscheint wieder in neuem Gewande. Das Leben ist nicht etwa die Summe der Elementarkräfte, sondern letztere spielen lediglich die Rolle treibender Energien auf die Lebensfunktionen. Der Mensch ist wie alle Lebewesen erschaffen, und zwar aus einer besonderen Erdsubstanz. Man sieht, Hildegard stellt den Menschen als Krone der Schöpfung noch mehr heraus wie die Genesis. Wie wäre sonst auch der Satz zu verstehen: „Und die Erde gab ihr Grün nach der Art der Natur, dem Charakter und jeglichen Eigenschaften des Menschen. Die Erde zeigt nämlich in ihren Nutzpflanzen im einzelnen die Beschaffenheit der geistigen Charakteranlagen des Menschen, während sie in ihren schädlichen Kräutern die schlechten und teuflischen Seiten des Menschen wiedergibt". Diese absolut anthropozentrische Weltanschauung, die den Menschen als Maß aller Dinge nimmt, ist nichts weniger als monistisch im modernen Sinn. Nur aus ihr heraus können wir Hildegards Astrologie Verständnis entgegen bringen. Wenn die Natur und das Leben des Menschen wirklich in allem eng verbunden sind, warum sollten da nicht auch die Sterne anzeigen, „was der Mensch entweder als seine Willensmeinung offen kund getan oder in Wort und Tat vollbringt; denn all das nimmt die Luft auf. Und die Luft teilt das den Sternen mit und diese offenbaren so alsbald die Werke der Menschen. Die Zeit des Mondes herrscht nicht über den Menschen als wäre der Mond sein Gott, und als ob der Mensch irgendeine Naturkraft von ihm empfangen würde, oder als ob er der Natur etwas hinzufügte, wegnähme oder in ihr begründete. Der Mond begegnet vielmehr im Luftgeschmack dem Menschen bei jeglichem Werk seines Lebens, und so werden das Blut und die Säfte, welche im Menschen sind, nach den Zeiten des Mondlaufes bewegt".

Es ist klar, daß ein Mensch mit solcher Naturverbundenheit, wie Hildegard auch ein starkes N a t u r g e f ü h l hat. Man sollte darüber nicht erst den Nachweis erbringen müssen. Es ist nicht die Art des mittelalterlichen Menschen sich in begeisterten Ergüssen über die Schönheit der Natur und in malerischen Schilderungen von Landschaften und Naturereignissen zu ergehen. Hildegards Naturgefühl äußert sich in der plastischen Art ihres Sehens, in der Wucht ihrer Bildersprache, die sie mit Vorliebe auf die Natur bezieht. Ich möchte beinahe sagen, daß man diese Art in Hildegards Wesensart besser aus ihren theologischen Werken und ihren Dichtungen herauslesen kann, als aus ihren naturwissenschaftlichen Schriften.

Wo finden wir z. B. den Engelsturz in sinnenfälligeren Bildern geschildert als in den wenigen Worten: Wie ein Bleiklumpen in einen See, so plumpste Luzifer in den Abgrund der Hölle. Ganz antipolar zu den gestürzten Himmelsfürsten erscheint Gott....

„Ich, das feurige Leben des göttlichen Wesens, zünde über die Schönheit der Fehler hin, leuchte in den Gewässern, brenne in der Sonne, dem Monde und den Sternen und erwecke mit dem Lufthauche, mit unsichtbarem Leben, das alles hält, lebensvoll jeglich Ding. Luft lebt nämlich im Grün und in den Blumen, die Wasser fließen, als hätten sie Leben; auch die Sonne lebt in ihrem Lichte, und der Mond wird wieder von der Sonne entzündet, wenn er völlig abgenommen hat, und lebt dann wieder gleichsam von neuem; und schließlich geben auch die Sterne sozusagen lebend in ihrem Lichte hellen Schein. Ich stellte auch die Säulen, welche die ganze Erde zusammenhalten, hin und ebenso die Winde, die untergeordnete Flügel, das heißt die schwächeren Winde, haben. Diese halten auch die stärkeren Winde durch ihre Milde an, daß sie sich nicht gefährlich ausbreiten, wie auch der Körper die Seele deckt und zusammenhält, damit sie sich auch nicht verflüchtige und selbst aushauche.... Ich bin also in all dem die verborgene, feurige Kraft, und durch mich brennt all dies, so wie auch der Atem den Menschen unablässig bewegt und der windbewegten Flamme im Feuer gleicht. All dies lebt in seinem Wesen, und der Tod findet sich nicht darin, weil ich das Leben bin." So in dem Buch von den göttlichen Werken nach B ü h l e r s Übersetzung.

Auch wenn Hildegard über den Menschen spricht, wenn sie dessen Körper und seine Funktionen schildert, greift sie oft zu Bildern aus der Natur: „Die Erde bekommt von den Steinen und Bäumen Festigkeit, und nach ihrem Bilde ist auch der Mensch geschaffen; denn sein Fleisch ist wie die Erde, seine Knochen ohne Mark sind wie Steine, und die Knochen mit Mark wie die Bäume.... In der Rundung des menschlichen Hauptes stellt sich die Rundung des Firmamentes dar.... Die vom Haupte herabwallenden Haare stellen Regentropfen dar, die einzeln durch die Wolken herniedersteigen und die ganze Erde befeuchtend, sie durch das Grünen zur Fruchtbarkeit bringen."

G a n z e n m ü l l e r (22) ist der Frage nach dem Naturgefühl im Mittelalter in einer ausgedehnten Studie (Beiträge zur Kulturgeschichte des Mittelalters und der Renaissance Heft 17 Leipzig Berlin 1914 bei Teubner) mit dem Erfolg nachgegangen, daß er in der Literatur, sei es in der Lyrik, in der epischen Dichtung, im geistlichen Spiel, in Romanen, sei es in Briefen eine Fülle von Belegen erbringen konnte, daß den Menschen des Mittelalters keineswegs der Sinn für die Naturschönheiten fehlte. Ja man kann sogar sagen, daß der mittelalterliche Mensch natürlicher fühlte als der moderne. Auf letzteren paßt Schillers Wort „unser Gefühl

für die Natur gleicht der Empfindung des Kranken für die Gesundheit."
Bei Hildegard schwingt die Naturliebe oft in einem einzelnen Wort und wo immer ihre Sprache dichterischen Schwung erhält, bricht der Naturlaut ähnlich wie in den Gedichten der irischen Mönche elementar durch. In glänzenden Bildern, reich an schmückenden Beiworten schreitet dann Hildegards Rede einher, ja sie erreicht oft dithrambischen Schwung, wie in der Sequenz auf den heiligen Maximin, die W i n t e r f e l d (Deutsche Dichter des lateinischen Mittelalters, München 1917) übertragen hat. Klingt hier die Sprache überraschend männlich, so ergreift uns der zarte Ton in der Sequenz zu Ehren Sankt Mariens.

SEQUENZ AUF DEN HEILIGEN MAXIMIN

Es schaute die Taube durch das Gitter des Fensters,
Wo vor ihrem Angesicht drinnen
Der Balsam herniederträufelte
Von Maximins lichter Helle.

Glüh entbrannte die Sonne,
Und ihr Schein durchdrang die Finsternis;
Des entsproßte die Knospe,
Wuchs des Edelsteines Kleinod,
Des reinen Tempels Zier, das war sein Herze fromm.

Ragend steht er, dem Turme
Von Zedern gleich zu schaun und Zypressenholze;
Sardonyx und Hyazinth, die sind sein Schmuck,
Gleich der Stadt, der hehren, ob der Künste der Meister all.

Mit dem raschen Hirsche
Hinstrebt er zur Quelle des lautersten Wassers,
Das sprudelt aus dem stärkstem Stein hervor,
Aus dessem Naß die Süßigkeit strömt der Düfte.

O die ihr euch erlabt
Der Würze in dem frischen Grün,
Darin die Gärten des Königs prangen,
Die zur Höhe ihr anstiegt,
Nachdem ihr des Opfers Heiligtum,
Des Widders Weihgeschenk dargebracht habt!

Unter euch leuchtet als Meister er, als des Baus Pfeiler,
Dessen Herz des Adlers Fittig sich ersehnt,
Der die Weisheit geküßt hat als die Amme sein:
Denn ihr zum Ruhme ist so an Söhnen die Kirche reich.

Bist Berges Gipfel, Tales Tiefe auch,
Und hie wie dorten
Erhebst du dich, ein stolzer Bau, gen Himmel,
Wo der Steinbock wandelt, des Elefanten Geselle,
Und wo der Weisheit Quell der Erquickungen höchste.

Voller Stärke und Milde bist du beim heiligen Amt
An den lichtbeglänzten Stufen des Altars,
Aufsteigend wie ein Rauch von Düften schwer
Zu des Höchsten Throne,
Wo du mit Gebeten das Volk vertrittst,
Das hinstrebt wohl zu des Lichtes Warte,
Des Preis sei im Himmel.

SEQUENZ ZU EHREN SANKT MARIENS

Herrlich sprossend Reis, sei gegrüßt, daß du dich im Windhauche des Sehnens und Suchens der Heiligen erhobst.
Da die Zeit kam, da du in deinen Zweigen blühen solltest, klinge dir Gruß und Gruß entgegen, weil Sonnenglut wie Balsamgeruch in dir kochte. Denn in dir blühte die Wunderblume empor, die allen Gewürzen Duft gab, allen, die vertrocknet waren.
Und alle erschienen nun in voller Blüte.

Darum ließen die Himmel Tau über das Gras sprühen, und die ganze Erde ward froh, weil ihr Eingeweide Korn hervorbrachte und weil die Vögel des Himmels auf ihr ihre Nester hatten.
Und den Menschen ward Speise gegeben und den Speisenden große Freude. Und darum, süße Jungfrau, hört in dir die Freude nimmer auf.
All das verachtete Eva.
Nun aber sei Preis dem Allerhöchsten!

(Übertragung von Bühler.)

DIE NATURWISSENSCHAFTLICHEN SCHRIFTEN DER HILDEGARD

Für die E c h t h e i t der beiden in das Gebiet der Medizin und Naturgeschichte einschlägigen Werke Hildegards sprechen heute soviele Zeugen, daß die noch vor wenigen Dezennien selbst von begeisterten Anhängern der großen Seherin gehegten Zweifel gegenstandslos geworden sind. Einer mit dem Geiste des zwölften Jahrhunderts noch wenig vertrauten Zeit mußten manche Kapitel der „einfachen und zusammengesetzten Medizin" unvereinbar mit dem weiblichen Schamgefühl der Verfasserin und noch dazu einer solchen heiligmäßigen Persönlichkeit erscheinen. Heute wissen wir, daß das zwölfte Jahrhundert noch frei war von jener Prüderie, die ein Erbgut der Zivilisation zu sein scheint, daß man damals noch ohne Hinterhalt nach dem Grundsatz handelte, redete und schrieb: „Naturalia non sunt turpia." Tatsächlich verlieren Hildegards Worte auch in der Besprechung der nach unserer heutigen Ansicht undiskutierbaren sexuellen Intimitäten niemals an Würde und niemals ist auch nur eine Spur irgendwelcher Absichtlichkeit oder sensationeller Aufmachung zu entdecken. Noch D a r e m b e r g , der in der Patrologia latina unter Nr. 197 nach der Handschrift der Pariser Nationalbibliothek Nr. 6952, die als „Physika" bekannten neun Bücher der einfachen Medizin herausgab, war der Ansicht, daß die meisten Anwendungen der einfachen Heilmittel von anderer Hand interpoliert seien. D a r e m b e r g ließ den von ihm bearbeiteten Band der Patrologia 1855 erscheinen. Er selbst stützt sich wieder auf F. A. R e u ß , Professor der Medizin in Würzburg, der in seinen Analecta ad antiquitates florae Germanicae,

Würzburg 1834 und in einer Schrift: „De libris physicis S. Hildegardis, commentatio historico-medica, Wirzeburgi 1835" die Namen der Hildegard zu deuten versuchte. Über die angeblichen Interpolationen konnte aber erst P a u l K a i s e r in seiner als wissenschaftliche Beilage zum Jahresbericht des Königstädtischen Gymnasiums zu Berlin 1901 bei Gaertner erschienenen Schrift: Die naturwissenschaftlichen Schriften der Hildegard von Bingen Aufklärung bringen. Er zeigte, daß die Mehrzahl der bisher als Zusätze von fremder Hand angesehenen Stellen in der Physika doch von Hildegard selbst verfaßt sind und ihrer „zusammengesetzten Medizin" den Causae et Curae entstammen. P a u l K a i s e r hat diesen nur in einer Handschrift, dem sogenannten Codex Hafniensis (Cod. membr. sign. Ny kgl. Saml. No. 906 saec. XIII 93 folia) existierenden Text bearbeitet und von Druckfehlern gereinigt bei Teubner, Leipzig 1903, als Hildegardis Causae et Curae herausgegeben. Der älteste Zeuge der Echtheit der Causae et Curae ist der englische Chronist M a t - t h a e u s v o n W e s t m i n s t e r , der in seinen 1292 geschriebenen „Flores historiarum" ein „librum compositae medicinae de aegritudinum causis, signis atque curis (S. 417 der Frankf. Ausg.) erwähnt und ausdrücklich von dem „librum simplicis medicinae secundum creationem, octo libros continentem" der Hildegard unterscheidet. Mit letzterem Werk kann nur die Physika gemeint sein, obwohl sie in der Pariser Handschrift, die in Mignes Patrologia benutzt ist, in neun Bücher eingeteilt ist. P a u l K a i s e r hat nun festgestellt, daß sich bereits in die Pariser Handschrift (P.) Rezepte aus der Pergamenthandschrift der Kgl. Bibliothek zu Kopenhagen, dem Codex Hafniensis (H_2) und aus anderen Quellen eingeschlichen haben. Das ganze zweite Buch in P. „De elementis" erscheine nach seinem Inhalt verdächtig und das zweite Kapitel „De aqua" stamme ganz aus H_2. Scheide dieses Buch aus, so hätte man die Einteilung in acht Bücher, wie sie noch Matthaeus von Westminster gekannt habe. Zwei weitere Handschriften, die neben der Pariser allein uns noch den Text der Physika überliefern, sollen nach K a i s e r eine Kompilation aus der Simplex medicina und der Composita medicina sein. J e s s e n (25) hat die eine dieser Handschriften (G.), die als Pergamenthandschrift der Herzoglichen Bibliothek zu Wolfenbüttel, XIII. Jahrhundert, 56. 2. Aug., 4⁰ unter der Überschrift liber subtilitatum de diversis creaturis in 174 Blättern erhalten ist, eingehend besprochen. Die andere Handschrift (B.) der Brüsseler Kgl. Bibliothek, XV. Jahrhundert, enthält 130 Papierblätter, im Katalog unter Nr. 2551 als Hildegardis de fructibus terrae, de saxis, metallis usw. angeführt. Auch der Druck des S c h o t t von 1533, der als Abdruck in dem Experimentarius des K r a u t i u s (Straßburg 1544) erschien (nach R e u ß bei Migne 1123) ist eine Kompilation der einfachen und zusammengesetzten Medizin und trägt den Titel: H i l d e g a r d i s d e P i n g u i a : Physica S. Hildegardis. Elementorum, fluminum aliquot Germaniae. Metallorum, leguminum, fructuum et herbarum; arborum et arbustorum, piscium denique, volatilium et animantium terrae naturas et operationes IV libris mirabili experientia posteritati tradens. Fol. Argentor. Joh. Schottus 1533.

K a i s e r schließt aus dem Handschriftenverhältnis, daß die beiden Schriften der Hildegard schon im 13. Jahrhundert wenigstens in den Klöstern des Rheinlandes, nicht nur in den uns überlieferten, sondern auch in abhanden gekommenen Handschriften verbreitet und genau bekannt waren. So muß im 13. Jahrhundert eine Handschrift der „Causae et Curae" in Straßburg existiert haben, denn der Mönch R i c h e r i u s von Sens schreibt im Chronico Senonensi lib. IV, cap. 15: „Scripsit (Hildegardis) librum medicinalem ad diversas infirmitates, quem ego Argentina vidi." Wohl die gleiche Handschrift war es, die der Mönch A l b e r i u s als in Straßburg befindlich erwähnt.

Lange müssen sich auch die naturwissenschaftlichen Schriften der Hildegard in dem von ihr begründeten Kloster auf dem Rupertusberg bei Bingen befunden haben. Vielleicht sind sie erst vor der Zerstörung des Klosters durch die Schweden im dreißigjährigen Krieg zerstreut worden. Bereits C u n o , ein Straßburger Canoniker sah das medizinische Werk der Hildegard im Kloster Rupertusberg. Später, im 15. Jahrhundert, ließ T r i t h e m i u s , der berühmte Abt des Würzburger Schottenklosters, sich eine Abschrift des dort im Rupertusberger Klosters befindlichen Codex machen, der sämtliche (?) Werke der Hildegard enthielt. Ob dieser Codex mit jenem identisch ist, der nach der Zerstörung des Mutterklosters nach dem von Hildegard begründeten Kloster Eibingen überführt wurde, kann nur als wahrscheinlich angenommen werden. Kardinal Pitra (Analecta Sacra Spicilegio Solesmensi Tom. VIII Nova S. Hildegardis opera Paris 1882 p. XXI) behauptet, daß der größere Wiesbadener Codex (W 1), einst auf dem Rupertusberg, 1632 nach Eibingen überführt worden und 1814 nach Wiesbaden gekommen sei. Derselbe entstammt dem 12. Jahrhundert, enthält aber keine naturwissenschaftlichen Schriften der Hildegard, ebensowenig wie der kleinere Wiesbadener Codex des 14. Jahrhunderts (W 2), welcher die interessante Miniatur der Visionen der Hildegard führt (vergl. Seite 32). Doch sind in der Lingua ignota der Hildegard, einer künstlichen von ihr erfundenen Geheimsprache, fast alle Pflanzen der Physika wiedergegeben. Pitra (a. a. O. Seite 498) führt sie in einem „Herbarium S. Hildegardis" auf und bringt die Vergleichstellen aus der Physika. Dadurch ist die Echtheit der Hildegardschen Pflanzennamen aus den ältesten Handschriften belegt.

Weitere Zeugnisse für die Echtheit der Physika und der Causae et Curae bringen die Acta sanctorum Bolland. Sept. tom. V die 17 p. 629, die bei Migne 12—90 abgedruckt sind. Hier wird die Aufzählung der Werke der Hildegard angeführt, die Trithemius in seinem Catalogus Virorum illustrium gab: „Darunter ein Band der einfachen Medizin, ein naturwissenschaftliches und sehr bewunderungswürdiges Werk, lib. I (?). Ein anderes Werk über die zusammengesetzte Medizin in einem Buch." Seite 138 äußert sich Trithemius weiter über die beiden Bücher: „In diesen beiden Büchern bringt sie (Hildegard!) Wunderdinge und Geheimnisse der Natur in feiner Darstellung in mystischen Zusammenhang."

Übrigens werden die beiden Werke auch in den Heiligsprechungsakten der Hildegard aufgeführt, die 1233 verfaßt sind. Der Bericht über die Wunder der Hildegard wurde auf Befehl Gregors IX. durch eine Prälatenkommission des Erzstiftes Mainz eingeholt. Es heißt darin (Migne 139) wörtlich: „Die Schriften derselben, welche der Klosterconvent ausdrücklich als die Ihrigen bezeichnet hatte, nämlich das Buch Scivias, das Buch vitae Meritorum, das Buch divinorum Operum, welches zu Paris durch die Theologieprofessoren geprüft worden war, das Buch über die Auslegung einiger Evangelien, das Buch der Briefe, das Buch über die einfache Medizin und das über die zusammengesetzte Medizin, das Sequenzenbuch zusammen mit der unbekannten Sprache und einem Büchlein, das über ihr Leben geschrieben und aufbewahrt wurde, haben wir durch ebendenselben B r u n o (siehe oben!), den Custos von Sanct Peter in Straßburg, einen treuen Mann von gutem Ruf, der auch Procurator des obengenannten Klosters (Rupertusberg!) ist, mit unseren Siegeln verschlossen übersandt. Wir bitten nun Eure väterliche Heiligkeit kniefällig, daß Ihre jenes ausnehmende Licht (Hildegard!), das bisher geradezu unter dem Scheffel verborgen war, jetzt auf den Leuchter stellen wollet, damit es allen leuchte, die im Hause Gottes weilen, daß Ihr ihren Namen in das Verzeichnis der Heiligen einreihen und einigen geeigneten Männern den Auftrag geben möchtet, daß das durch Eure Autorität begonnene so fromme Werk zur gebührenden Vollendung gebracht werde und die Widersprecher durch die kirchliche Zensur zum Schweigen kommen. Gegeben auf dem Rupertusberg im Jahre des Herrn 1233 am 17. Januar."

Nicht leicht hat ein mit so glänzenden Unterlagen unternommener Heiligsprechungsprozeß einen so sang- und klanglosen Ausgang genommen, wie der Hildegards. Unter drei Päpsten wurden Anstrengungen gemacht, die große Seherin von Bingen in die Zahl der Heiligen zu erheben. Die Angelegenheit wurde immer schwieriger, weil schließlich die Wunder an dem Grabe der Hildegard aussetzten und die Zeugen der früheren Wunder nicht mehr am Leben waren. Der letzte Versuch wurde im Jahre 1317 gemacht, doch ohne Erfolg, und schließlich wurde die ganze so rühmlich unternommene Angelegenheit in den Wirren der Kirche im 14. Jahrhundert begraben. Doch ist Hildegard im

Florarium Sanctorum am 17. September aufgeführt und ihr Name in die Martyrologien eingetragen.

Wenn wir nach Zeugen für die Echtheit der naturwissenschaftlichen Schriften Hildegards suchen, so müssen wir schließlich noch sie selbst als Hauptzeugin zu Worte kommen lassen. Im ältesten Hildegardkodex, der wohl noch aus ihrer Zeit stammt und heute in Wiesbaden aufbewahrt wird (W 1), schreibt sie zu Beginn des Buches vom verdienstlichen Leben: „Die gleiche Vision (nämlich die zweite nach der Vision der Scivias!) hatte mir die feinen Eigentümlichkeiten der verschiedenen Naturen der Geschöpfe zum Zwecke der Erklärung enthüllt." Die Einleitungsworte zu Hildegards Schriften geben uns auch einen klaren Einblick in die zeitliche Reihenfolge derselben. Es erstrecken sich die Visionen der Scivias über die Jahre 1141 bis 1151, die Visionen, welche zur Abfassung der Physika, der Causae et Curae, vieler Briefe, der musikalischen Kompositionen, der Geheimsprache und kleinerer Erklärungsschriften führten, nach ihrem eigenen Zeugnis über acht Jahre, d. h. von 1151—1158. In ihrem 61. Lebensjahre, also 1158 setzte eine neue Folge von Visionen ein, die zur Abfassung des Buches vom verdienstlichen Leben führte, an dem sie von 1158—1163 arbeitete. Die Einleitung zum Buche über die göttlichen Werke eines einfachen Menschen führt uns zeitlich weiter in die vierte Periode von Visionen von 1163—1171. Nach ihrem eigenen Zeugnis begannen sie 1163 und waren nach sieben Jahren noch kaum beendet. 1171 schrieb Hildegard ihren psychologisch so interessanten Brief über ihre Visionen an den Mönch Wibert von Gembloux. In die Jahre 1170—1173 fällt ihre Vita Disibodi. So waren also sieben Jahre vor ihrem Tode (1179), in ihrem 75. Lebensjahre ihre literarischen Arbeiten im wesentlichen vollendet. Erinnern wir uns daran, daß sie erst in ihrem 43. Lebensjahre angefangen hatte, sich literarisch zu betätigen! Diese Feststellung scheint wichtig, denn wir können daraus schließen, daß die reich begabte Hildegard, deren seelische Tätigkeit nach ihrem eigenen Zeugnis schon im fünften Lebensjahre einsetzt, in der langen Spanne von 38 Lebensjahren eine gewaltige

Summe von Kenntnissen, besonders sprachliche und naturwissenschaftlich-medizinische ansammeln konnte, die schließlich in ihren Werken niedergelegt wurden. Daß sie mit eigener Hand geschrieben hat, bezeugt sie selbst. Doch werden diese „Concepte" nicht wörtlich mit ihren Schriften übereingestimmt haben, sondern erst durch ihre Sekretäre, den Mönch V o l m a r und nach dessen Tod durch den Mönch G o d e f r i d u s in die heute erhaltene Form gebracht worden sein. Ihre Mitarbeiter erwähnt Hildegard nie mit Namen. Doch ist ein Brief des Volmar, der als Vorsteher des Klosters Rupertusberg sich bezeichnet, an Hildegard gerichtet, noch erhalten (Pitra S. 346). Auch in diesem Brief wird die Erklärung der verschiedenen Naturen der Geschöpfe erwähnt. Volmar nennt Hildegard eine Mitarbeiterin in Gott, bezeugt also damit die nahen Beziehungen auf dem Gebiete gemeinsamer geistiger Arbeit. Ein Bild aus früher Zeit (14. Jahrh.) im W_2 zeigt uns diese Zusammenarbeit zwischen Hildegard und Volmar. Wir sehen die Heilige auf einer Sella sitzend und auf Tafeln ihre Visionen niederschreibend. Ein Zungen ähnliches Feuer erscheint über ihrem Haupte, wodurch offenbar der visionäre Zustand angedeutet werden soll. Aus einem anstoßenden Raume schaut der Mönch Volmar sehr interessiert in die Klausur der Hildegard, wohl in Erwartung der Aufgabe, die ihm als Sekretär nun bald beschieden sein wird. Im Leben der Heiligen, wie es Theoderich aufgezeichnet hat, heißt es im 2. Buch 17. Kap., daß sie sich ihrem Lehrer anvertraut habe. Dieser habe ihr gerne Gehör geschenkt und habe sie ermahnt, ihre Visionen aufzuschreiben. Da er überzeugt gewesen sei, daß es Eingebungen Gottes seien, habe er sie seinem Abte mitgeteilt, und sei von da an mit großer Sehnsucht (nach neuen Offenbarungen!) ihr Mitarbeiter gewesen. In der gleichen Vision (I. Vision der Scivias) sei ihr das Verständnis für die Schriften der Propheten, für die Evangelien und die Werke der Kirchenväter aufgegangen, und zwar ohne irgendwelche menschliche Belehrung. Sie habe einiges daraus vorgetragen, obwohl sie kaum eine Kenntnis der Buchstaben hatte, nämlich nur soweit als diese ihr ein ungebildetes Weib beigebracht hatte.

Es war also Hildegard erst vom 43. Lebensjahre an möglich, ihr früher angesammeltes Wissen literarisch fruchtbar zu machen und unter dem gewaltigen seelischen Ansporn ihrer Visionen ihre bis dahin recht geringen Kenntnisse der lateinischen Schriftsprache schließlich soweit zu vervollkommnen, daß sie z. B. mit dem Mönch W i b e r t von Gembloux (um 1170!), der kein Deutsch verstand, lateinisch sprechen und brieflich sich verständigen konnte. Die Verwendung des Lateins war bei den gottesdienstlichen Verrichtungen der Klosterfrauen jener Zeiten eine so vielseitige zu allen Tagesstunden, daß die Kirchensprache einer so hochbegabten Frau wie Hildegard auf die Dauer nicht nur dem Klang und der Reihenfolge der Worte zu eigen ward, sondern auch inhaltlich verstanden wurde.

HILDEGARD ALS ÄRZTIN

Die während ihres ganzen Lebens andauernde Krankheit der Hildegard, deren hysterische Grundlage wohl nicht geleugnet werden kann, verdient von einem Mediziner näher beleuchtet zu werden. Sicher ist, daß die geistigen Kräfte der Hildegard unter den Wirkungen ihrer Krankheit nicht gemindert, sondern eher gesteigert wurden. Ihre große Sensibilität verrät sich vielfach in ihren Rezepten. Nahrungsmittel, die wir heute ohne Bedenken genießen, scheinen ihr gesundheitsschädlich, so z. B. Gerstenbrot, rohes Obst, gekochte und mehr noch rohe Eier. Von Linsen will sie gar nichts wissen, obwohl doch schon Esau um ein Linsengericht sein Erstgeburtsrecht verkaufte. Sollte sie Phytonosen gekannt haben, da sie vor Erdbeeren und Waldbeeren warnt und selbst den Pfirsich nicht schätzt? Ihre geringe Einschätzung verschiedenen Tierfleisches, wie das der Salme, Schleien, Neunaugen, der Pfauen, verschiedener Finkenvögel, des Bären, Pferdes, aller Nichtwiederkäuer und insbesondere der Schweinearten, könnte wohl nur bei einem Vegetarier Verständnis finden. Übrigens ist Hildegard in ihrer Stellung zu den verschiedenen Nahrungsmitteln auch nur ein Kind ihrer Zeit. Wir

finden in den latino-barbarischen diätetischen Schriften vom 6. Jahrhundert an manche Anklänge an die Hildegardschen Vorschriften. Ich möchte hier eine Parallele aus der Diätetik des A n t h i m u s (V. Rose: Anecdota Graeca et Graecolatina Berlin 1864, S. 41 ff.) an Theuderich, König der Franken, ziehen. Anthimus ist nicht so bedenklich in der Empfehlung des Schweinefleisches, doch macht er manche Einschränkungen, so bezüglich des Genusses von älterem Schweinefleisch. Schweinenieren solle man gar nicht essen. Wilde Tauben sind nicht bekömmlich. Rohe und hartgekochte Eier werden fast übereinstimmend von beiden Autoren als schädlich bezeichnet. Dagegen werden in der Pfanne gebratene empfohlen. Enten- und Gänseeier lehnt Hildegard als Genußmittel rundweg ab. Anthimus erwähnt die Schädlichkeit von hartgekochtem Eiweiß der Gänseeier.
Hildegard steht auch durchweg treu zu dem Grundsatz der spätantiken Heilkunde: „Similia similibus". Immer wieder wird einem Heilmittel nach äußerem Anschein Heilkraft zugeschrieben oder die Ähnlichkeit mit menschlichen Organen verweist unmittelbar auf die medizinische Verwendbarkeit für dieses Organ. So erhielt die Marchantia den Namen Lungenkraut, die Hepatica den Namen Leberkraut.
So erhielt auch die sogennante Dreckapotheke, deren Vertreter schon in der Antike sich den Spott einsichtsvoller Ärzte zugezogen hatten, immer neuen Zuzug von ekelerregenden Heilmitteln, weil seit Urzeiten im Volke der Glaube lebte, abstoßende Krankheitserscheinungen wie Lepra, Krätze, Grind usw. könnten durch ebenso abstoßende Stoffe wie Kot, Urin, Tiermist und widerliches Gewürm bekämpft werden. Hildegards Gedankengänge werden oft etwas schematisch und gekünstelt, wenn sie die hier vorgetragene medizinische Richtung ihrer Zeit allzu scholastisch durchficht. Dafür möchte ich hier ihre Anschauungen über die Wirkungen des Wassers und Biers auf den menschlichen Körper schildern. Vom reinen, frischen Wasser weiß sie nur Nachteiliges zu sagen, wohl wegen der schlimmen Erfahrungen, die man früher allenthalben mit verunreinigten Trinkwässern machen mußte. Das Bier ist also schon deswegen gut,

weil es durch die Kraft des Feuers gereinigt ist. Dann macht das Bier den Menschen dick und gewährleistet ihm eine schöne Gesichtsfarbe wegen seiner Stärke und wegen seines guten Getreidesaftes. Das Wasser aber schwächt den Menschen und erzeugt bisweilen Schleim um die Lunge, wenn sie schwach ist, weil das Wasser schwach ist und keine starke Kraft hat. Wenn aber der Mensch gesund ist, dann mag er bisweilen Wasser trinken, ohne daß es ihm schadet. Bier wird wegen seiner hervorragenden Kräfte sowohl gegen Lungenleiden wie bei Besinnungslosigkeit empfohlen. Nicht an allen Stellen ihrer Werke verrät Hildegard die eben vorgetragene Abneigung gegen den Genuß des Wassers. Im 2. Buch, Kapitel 70, der Causae et Curae schreibt sie: „Man soll die Kraft kostbarer Weine entweder durch Eintunken von Brot oder Zugießen von Wasser schwächen, weil es weder für einen gesunden noch für einen schwächlichen Menschen gut ist, einen nicht also gemilderten Wein zu trincken." Übrigens erkennt sie sehr wohl die Notwendigkeit des Wassers zur Blutverdünnung im Menschen. Sie schreibt: „Das Wasser bewirkt die Feuchtigkeit im Menschen, so daß grünende Kraft in ihm schafft, und daß das Gerinnsel der Knochen Festigkeit und Dauer in ihm erhält.

Man hat auch die Frage aufgeworfen, ob Hildegards Heilkunde und Diätetik originell ist oder ob sie auf andere Autoren zurückgeht. Vor allem sind durch May (5) Beziehungen zu Constantinus Africanus vermutet, aber nicht bewiesen worden. Ich habe die Werke des Constantinus durchgesehen und feststellen können, daß nirgends eine wörtliche Entlehnung nachzuweisen ist. Die Kräuterkunde, über deren Quellen in Hildegards Schriften im nächsten Kapitel gesprochen werden wird, ist bei Constantinus auf das „liber de gradibus" beschränkt und dieses ist nur eine Übersetzung aus dem arabischen Originalwerk des Isaac Judaeus. Übrigens geht Hildegard in ihrer Heilkunde auf die Lehre von den Graden gar nicht ein, sie unterscheidet nicht etwa Pflanzen ersten, zweiten und dritten Wärmegrades, sondern nennt sie einfach warm oder kalt. Dagegen hat die Lehre von den Komplexionen in der Art der Behandlung einige Ähnlichkeit mit der der Hildegard. Diese Ähnlichkeit mag aber auf die festgelegte Behandlung der Komplexionenlehre in den Klöstern des frühen und hohen Mittelalters zurückzuführen sein. Hildegard ist hier sehr ausführlich (bei B ü h l e r ist dieser Teil der Causae et Curae besonders verständnisvoll übersetzt). Sie verarbeitet die Lehre von den Elementarqualitäten mit ihren Vorstellungen von der Zeugung, Geschlechtsbestimmung und Entstehung der Temperamente. Die verschiedene Natur des Menschen beruht auf der verschiedenen Qualität des menschlichen Samens. Die Sexualität wirkt sich bei Cholerikern, Sanguinikern, Melancholikern und Phlegmatikern durchaus verschieden aus und hier bestehen auch wieder Unterschiede bei Mann und Frau. Die Einwirkung der Gestirne, besonders des Mondes auf die Vorgänge der Zeugung sei unverkennbar. Bei zunehmendem Monde mehre sich das Blut beim Menschen und dann sei sowohl der Mann wie die Frau fruchtbar. Auch die Heilkräuter müssen bei zunehmendem Monde eingesammelt werden, wenn sie besonders wirksam sein sollen. Solche Mondeinflüsse wurden stets im Volke seit den ältesten Zeiten geglaubt, treten also nicht etwa bei Hildegard zuerst auf[1]. Gleiches gilt über das, was sie von der Bedeutung der Träume sagt, in denen der Mensch Wahres und Zukünftiges sieht und zuweilen (!) trifft dies dann auch ein. Es kann aber auch der Teufel den Menschen im Schlafe ermüden und verwirren, so daß er von den Traumbildern getäuscht wird. Diese sind auch manchmal Nachbilder jener Gedanken, Vermutungen und Wünsche, die der Mensch tagsüber genährt hat.

Es ist hier nicht meine Aufgabe, auf die verschiedenen Krankheitsbilder einzugehen, die Hildegard in den Causae et Curae entwirft. Nur die rein naturwissenschaftliche Erklärung derselben nach den vorausbesprochenen Gesichtspunkten mag kurz ausgeführt werden. Kahlheit würde durch allzu große Hitze des Hauptes erzeugt, welche zusammen mit dem Kopfschweiß die Haare abstößt. Der Bart wächst aber durch die Feuchtigkeit des Atems solcher Männer dann um so stärker. Die Kahlheit ist abso-

[1] (Vergl. G r i m m s Deutsche Mythologie.)

lut unheilbar. Der Kopfschwindel wird durch zu verschiedenartige Beschäftigung verursacht, die den Säften den richtigen Lauf benimmt. Durch Vereinigung aller genannter Kopfübel verfällt der Mensch in Wahnsinn. Man soll aber nicht glauben, daß der Mensch deswegen vom Teufel besessen ist. Kopfkrankheiten entstehen auch durch zu große Trockenheit des Gehirns. Die Qualität und Farbe der Augen wird auf Einflüsse der Luft und verschiedener Winde zurückgeführt. Der Zahnschmerz entsteht durch Anfüllung der Zähne mit schlechtem, überflüssigem oder fauligem Blut. Schlechte Säfte des Gehirns ziehen sich oft nach der Lunge und versengen sie so, daß sie aufgebläht wird und den Menschen schwer atmen läßt. Im Magen entsteht durch ungeeignete Nahrung grüne, eisenfarbene, schwarzbleiche und massenhafte Fäulnis d. i. „slim" (Schleim). Viele Kräuter, Früchte und Samen erzeugen solchen gefährlichen Schleim, wie wir weiter sehen werden. Die Notwendigkeit der monatlichen Reinigung der Frauen wird auf deren größere Feuchtigkeit zurückgeführt. Also auch hier wirken die Elementarqualitäten! Für den Aderlaß ist Hildegard natürlich sehr eingenommen, wie alle mittelalterlichen Ärzte. Fäulnis und zersetztes Blut wird dadurch beseitigt. Das Brennen der Haut beseitigt ebenfalls die Fäulnisstoffe und die Feuchtigkeit unter der Haut. Zu dieser Operation wird ein Nußkern, das Mark von Pfaffenkäppchen (E v o n y - m u s) oder ein Leinenknoten verwendet, nicht aber Eisen, Schwefel oder Weihrauch. Hier muß auch auf das Kapitel eingegangen werden, das mit: de sifac extensione aut ruptura d. h. Ausdehnung und Zerreißung des Bauchfells bezeichnet ist. Im III. Buch sind Heilmittel dafür angegeben. K a i s e r (4b) findet hier eine Beziehung zu Roger. Chir in Renzii Coll. Sal. II 482. Ich habe aber den sonst seltenen Ausdruck „sifac" auch bei C o n s t a n t i n u s wieder gefunden.
Die Grundlagen der Diätlehre Hildegards[1] entnehme ich wörtlich der Übersetzung B ü h l e r s (2), dem ich auch im Vorausgehenden vielfach gefolgt bin. „Wer gesund bleiben will, esse

---
[1] Noch heute werden sie von den Angehörigen des Hildegardsstiftes in München hochgehalten!

nach natürlich warmen Speisen von Natur aus kalte und nehme nach natürlich kalten von Natur aus warme und nach natürlich trockenen von Natur aus feuchte und nach natürlich feuchten von Natur aus trockene, seien es nun gekochte oder ungekochte, die ihrer Natur nach warm oder kalt sind, damit sie sich gegenseitig gut ergänzen." Wer übermäßig viel Speisen zu sich genommen hat, seien es rohe, ungekochte, halbgekochte, allzu fette, zu schwere oder zu trockene, dem können manchmal Herz, Leber, Lunge und die sonstige Körperwärme nicht das notwendige Feuer liefern, welches im Magen die Speisen auskocht. Deshalb koagulieren, verhärten und verschleimen sie, wodurch sie auch im Magen jenen oben beschriebenen Schleim entstehen lassen. Wer Fleisch essen will, soll es mit Maß tun, mäßig Gewürz zugeben, es kochen und es nicht allzuheiß genießen. Allzu raffinierte und pikante Zubereitung ist zu vermeiden. Die Nahrung muß dem Alter angepaßt sein; sie ist für das jugendliche Alter anders zu wählen als für das Greisenalter. Auch das Trinken muß mit Maß und Ziel geschehen. Wer seine Gesundheit bewahren will, der reite, wechsle häufig mit den Speisen, genieße nüchtern nur warme Speisen, nehme bei gesundem Körper erst gegen Mittag die erste Mahlzeit, bei schwacher Naturanlage aber bereits am Morgen, esse einige Zeit vor dem Schlafengehen zu Abend, so daß er vorher noch sich einige Bewegung machen kann. Die Mahlzeiten müssen auch entsprechend der Temperatur der Jahreszeit gewählt werden, nämlich im Winter mäßig warme und ebenso im Sommer.
Die Entstehung von Krankheiten, die Aitiologie, die, wie der Name des Werkes sagt, in den Causae et Curae eingehend behandelt ist, wird von Hildegard auf giftige Säfte zurückgeführt, die wieder von Unmäßigkeit und falscher Ernährung herrühren. Der medizinisch-historischen Forschung mag dieser Teil der Heilkunde der ersten deutschen Ärztin noch manches reizvolle Problem eröffnen; denn nur der Fachmann auf medizinischem Gebiete kann letzten Endes meine Vermutung bestätigen, daß Hildegards Ansichten hier fast durchweg äußerst originell sind.

DIE QUELLEN DER NATURWISSENSCHAFTLICHEN SCHRIFTEN DER HILDEGARD

Als eine besondere Eigentümlichkeit der Schriften Hildegards ist von allen Autoren bemerkt worden, daß ihre Quellen kaum nachweisbar sind. Man hat darin früher den Beweis für die wörtliche Eingebung auch der Physika und der Causae et Curae sehen wollen. Beschäftigt man sich aber näher mit diesen Werken und vergleicht sie mit anderen gleichzeitigen literarischen Erzeugnissen, besonders mit den deutschen medizinischen Rezeptsammlungen des 12. und 13. Jahrhunderts, so bemerkt man eine innere Verwandtschaft aller dieser Schriften. Auch Hildegards Auffassung der Naturdinge, ihren Ansichten über deren Heilkraft, die Schilderung der Krankheitserscheinungen und die Vorschläge zur Heilung derselben sind ganz aus dem Geiste ihres Jahrhundert heraus geschrieben. Hildegard zitiert niemals[1] einen Autor namentlich. Sie las ja keine wissenschaftlichen Bücher und blieb daher fern von der scholastischen Gepflogenheit, sich möglichst eng an die medizinisch-naturwissenschaftlichen Größen der Antike anzuschließen. Nur im Unterricht mag sie zuweilen einen Namen gehört haben. Die Erinnerung daran hat sich nur an vier Stellen der Physika (Migne 1149 C, 1246 A, 1207 D und 1317 D) in einer Berufung auf „Philosophen" erhalten. Da diese Stellen vielleicht einmal auf bestimmte Namen zurückgeführt werden können, führe ich sie an: 1. Lib I Cap. LI De Wulffesmilch ... nulla alia utilitas, nisi ut medicinarum philosophi invenerunt, quod interdum contra induratum stomachum quibusdam potionibus additur... Es handelt sich hier um eine Empfehlung der Wolfsmilch (Euphorbia esula?) gegen Magenverhärtung. 2. Lib. III Cap LVIII De Unguento Hilari, Unguentum quod Hilarius Aegyptius ostendit contra dolorem utriusque lateris — ... Hier wird ausnahmsweise ein Name genannt, der bei Migne auf H i l a r i o n zurückgeführt wird, dessen Leben der hl. Hieronymus in Opp. t. IV erzählt. 3. Lib I Cap. CCXIV De Scampina. Scampina (C o n v o l v u l u s S c a m m o n e a)

---
[1] Ausgenommen den H i l a r i o n ! und einmal P l a t o.

acutum et acerbum et inutile frigus in se habet... Nam cum medici potiones, quas dare solent, accelerare et veloces facere volunt, Scampinam illis addunt. Wie bei 1 veranlaßt Hildegard die Erwähnung eines besonders drastisch wirkenden Heilmittels, nämlich der Purgierwinde, sich auf die Ärzte zu berufen. Bereits S i g e r i s t (Leipzig 1923) erwähnt die Wirkungen der Purgierwinde, die hier allein gemeint sein kann, in seinen Studien und Texten zur frühmittelalterlichen Rezeptliteratur. Sie war also im Mittelalter stets in Deutschland in Gebrauch, aber, worauf die Stelle bei Hildegard hinweist, stets in der Hand der Ärzte. (a. Plinius, Dioscurides usw.) Der Deutung auf Veratrum album bei F i s c h e r - B e n z o n (21) kann ich nicht zustimmen.
4. Lib VII Cap V De Unicorni. — Quidam enim philosophus erat, qui naturas animalium perscrutaverat, et ille animal istud nulla arte capere poterat, unde valde mirabitur. Hier wird die lustige Geschichte erzählt, daß man das Einhorn auf keine andere Weise fangen könne, als mit Hilfe schöner Mädchen von vornehmer Herkunft, die auf das Einhorn (gemeint ist wohl das Rhinoceros) so großen Eindruck machen, daß sie aller Vorsicht vergessen. P l i n i u s (Lib. VIII Cap. XXI) erwähnt nur, daß die Einhörner nicht gefangen werden können.
Inhaltlich finden sich naturgemäß viele Stellen bei Hildegard, besonders Anwendungen von Heilmitteln, die durch Schriftstellen antiker Mediziner belegt werden könnten. Damit ist aber nicht gesagt, daß sie dort abgeschrieben sind. Im Gegenteil, die Heilkunde der Hildegard stammt ganz aus der benediktinischen Tradition und nur innerhalb dieser kann sie mit den Werken der Antike, die ich eingangs genannt habe, bekannt geworden sein. Wenn also offensichtlich G a l e n und seine Temperaturenlehre ein Grundpfeiler der Hildegardschen Medizin ist, so kennt sie diesen bedeutendsten Arzt der Antike nur aus dem Unterricht, nicht aber aus dem Studium seiner Werke, denn, wie ich mich durch Vergleich überzeugt habe, schreibt sie niemals aus Galen ab. Viel näher steht ihr schon die mittelalterliche Rezeptliteratur, wie sie durch S i g e r i s t (32), J ö r i m a n n (27), F. P f e i f f e r (30) und andere bekannt gemacht worden ist. Was

dort, sei es in lateinischer, sei es in deutscher Sprache niedergeschrieben worden ist, ist zum Teil sicher Volksmedizin. Wenn manche Volksrezepte des frühen Mittelalters mit denen antiker Autoren zusammengehen, so möchte ich eher glauben, daß beide auf die indogermanische Vorzeit zurückgehen, als daß die alten germanischen Kräuterweiber aus antiker Literatur irgendwelche Weisheit überliefert erhalten hätten. Dafür einige Beispiele. Wirkungen des Mondlichtes auf die Organismen, besonders auch auf Pflanzen, wurden früher allgemeiner angenommen als heute. Schon in der „nepetäischen Landwirtschaft" ist davon die Rede. In der altdeutschen Rezeptliteratur ist häufig vorgeschrieben, daß man die Einsammlung von Heilkräutern zur Vollmondzeit vornehmen müsse. In der antiken und mittelalterlichen landwirtschaftlichen Literatur wird überall angegeben, daß man Aussaaten in der ersten Mondphase machen müsse und daran hält unser Landvolk heute noch fest. Demgegenüber hat unsere moderne Wissenschaft nach Versuchsergebnissen niemals einen Einfluß des Mondlichtes auf das Pflanzenwachstum feststellen können. Hildegard ist natürlich als Kind ihrer Zeit eine Anhängerin der vorgetragenen Mondlichtwirkungen. Sie schreibt, daß die Sterne vom Monde ihr Licht erhalten (!), der selbst seine Glut (!) von der Sonne empfängt. Von den Sternen würde die Luft erwärmt und so würde der Tau hervorgebracht. Der milde Morgentau lasse Schnittlauch und Zwiebel wachsen und die Apfelfrucht (siehe darüber K a i s e r 4a Seite 12). Die Visionen der Hildegard gehen hier sehr merkwürdige Wege. Ein weiteres Beispiel, wie sehr Hildegard in den allgemeinen Kräuteraberglauben der Antike und des Mittelalters verstrickt ist, geben uns ihre Ausführungen über die Hauswurz (Physika Lib. I, Kap. CCIII, De Sempervia). Die Hauswurz ist kalter Natur (G a - l e n sagt, sie ist kühlend) und für den menschlichen Genuß nicht geeignet, weil sie fetter Natur ist (Fettblattgewächs!). Wenn aber einer taub ist, dann soll er die Milch einer Frau, welche einen Knaben geboren hat, zehn oder zwölf Wochen nach der Geburt nehmen und etwas von dem Safte der Hauswurz dazugeben, drei oder vier Tropfen derselben vorsichtig in sein Ohr träufeln und so fortfahren. Dann wird er sein Gehör wieder bekommen. M a r c e l l u s E m p i r i c u s (Marcellus, de Medicamentis empiricis, Basel 1536) hat ähnlich drastische Rezepte für Ohrenleiden, so nach dem angeführten Druck Kap. IX Seite 81 zerstoßene Ameiseneier, Seite 75 Harn eines Knaben, für ganz schwierige Fälle alten menschlichen Harn. Auch Bocks- und Eberharn werden empfohlen. Diese Rezepte kehren immer wieder. Wir finden sie im Kodex 58 der Wasserkirch (Stadt)-Bibliothek Zürich (F. P f e i f f e r 30, Seite 110) im Kapitel „ad aurium dolorem", im Kodex germ. 92 der Münchner Staatsbibliothek, der eine der besten deutschen Bartholomaeushandschriften enthält und schließlich in einem Rezeptarbruchstück des Klosters Benediktbeuern Kl. Ltr. Nr. 32, das ich in den Mitteilungen der Bayerischen Botanischen Gesellschaft herausgegeben habe. (Siehe H e r m. F i s c h e r 20, Seite 74.) Diese Rezeptliteratur ist zur Zeit Hildegards in die deutsche Sprache übertragen worden. In noch näherer Beziehung zu Hildegards Rezepten steht das „Documentum mulieris de tesingen", welches als Randnotiz in dem letztgenannten Kodex erscheint und dem Ende des 13. Jahrhunderts angehört. Es heißt hier: für das Gehör: Verreibe Hauswurz und Steinwurz, vermische den Saft mit dem Harn eines jungen Katers und träufle ihn dem Ohre ein. Das ganze Rezept des Kräuterweibes ist in dem gleichen wunderlichen Gemisch von Deutsch und Latein niedergeschrieben, wie wir es bei Hildegard gewohnt sind.

In gleicher Weise könnten zahllose Beispiele dafür beigebracht werden, daß Hildegard ganz im Geiste ihrer Zeit denkt, schreibt und ordiniert. Ihr Wissen ist durchaus verwandt dem der übrigen Mönchsmediziner des frühen und hohen Mittelalters, wenngleich auch jenen alle Kongenialität fehlt, die wir in den Schriften der Hildegard so sehr bewundern. Im Folgenden soll nun der Versuch gemacht werden, in sonstiger frühmittelalterlicher (und antiker) Rezeptliteratur eine gleiche oder ähnliche Verwendung der Pflanzen nachzuweisen, wie wir sie bei Hildegard finden. Die Verweise geschehen durch Buchstaben H_1 = Physika Hildegardis und H_2 = Causae et Curae, ferner durch arabische Ziffern:

DIE NATURWISSENSCHAFTLICHEN SCHRIFTEN

1. Rezeptarbruchstück Allgemeines Reichsarchiv Benediktbeuren, Kl. Ltr. Nr. 32, XIII. Jahrgang.
2. Frühmittelalterliche Rezeptarien, herausgegeben von Dr. med. Julius Jörimann, Leipzig 1925.
3. Studien und Texte zur frühmittelalterlichen Rezeptliteratur von Dr. Sigerist, Leipzig 1923.
4. Handschriften des Pseudo-Musa, Pseudo-Apulejus, Dioscurides „de herbis femininis, des lat. Dioscurides.
5. De Oleribus Martialis und die medizinische Literatur des sechsten Jahrhunderts, von Dr. Val. Rose Anecdota Graeca, Berlin 1864, Seite 105. (Inklusive den Diaeta Hippocratis, Galenus ad paternum.)
6. Die Diaetetik des Anthimus an Theuderich, König der Franken von Dr. V. Rose, ebenda Seite 41.
7. Kodex 58 der Wasserkirch (Stadt) Bibliothek Zürich, herausgegeben von F. Pfeiffer, Sitzungsberichte d. Ak. Wien 1863, Seite 110, XII. Jahrgang.
8. Codex germanicus 92 Bartholomae introductiones, aus Kloster Tegernsee, zusammen mit 7. herausgegeben von F. Pfeiffer, ebenda Seite 127.

Beginnen wir zunächst mit den Pflanzen und zwar in der alphabetischen Reihenfolge der mittelalterlichen Namen! Abrotanum (Artemisia abrotanum) wird gegen Magenverstimmung empfohlen (H_2, 2), ferner gegen Beulen (H_1, 5). In 5 werden die „buln" der Hildegard furunculi genannt und damit ist die medizinische Bestimmung der Krankheit gesichert. Absinthium (Artemisia absinthium) ist heute wie früher als Magenmittel beliebt. Bei H_1 ist eine Behandlung des Kopfweh mit „wermuda" geschildert, die in 7 wiederkehrt. Hildegard schreibt ausführlich: Mache vom Saft (des Wermut) einen genügend großen Aufguß auf Wein, und feuchte das ganze Haupt des Leidenden ein bis zu den Augen, den Ohren und zum Nacken (nack), und tue das zur Nachtzeit, wenn du schlafen gehst. Stecke den Kopf (des Kranken) ganz in eine wollene Mütze bis zum anderen Morgen, und das Kopfweh und der Schmerz, welcher von der Gicht „erbulset" im Kopf, wird vergehen. Atriplex „melda" (A t r i p l e x h o r t e n s i s) wird sowohl in H_1, wie 6 als gutes die Verdauung beförderndes und Furunkeln vertreibendes Nahrungsmittel empfohlen. Aloe (A l o e s o c c o t r i n a, A. v u l g a r i s) gilt als Hustenmittel und gegen Geschwüre, sowohl bei H_1 wie in 2. Amigdalae (A m y g d a l u s c o m m u n i s) die Mandelkerne finden bei H^1 und in 6 Verwendung gegen Leberleiden. Anetum (A n e t u m g r a v e o l e n s), der Dill ist ein gutes Mittel gegen Bronchialkatarrh, wie bei 1 und H_2 versichert wird. „Der vil gereshene" hieß im Mittelhochdeutschen ein solcher Katarrhaliker, wie es in 1 steht. Apium „ephe" (A p i u m g r a v e o l e n s) fand ungemein vielseitige Verwendung im frühen Mittelalter, so gegen Bauchschmerzen (H_2, 2 und 5), Menstruationsbeschwerden (H_2, 2), Augenschmerz bzw. Augentrübung und Augentränen (H_1, 1, 2, 3, 7, 8). Aristolochia (A r i s t o l o c h i a spec. und C o r y d a l i s spe.) ist wohl die Byverwurtz der Hildegard und nicht etwa Menyanthes trifoliata; dafür spricht auch die Verwendung von Aristol. longa und rotunda in 2 und H_1, wie H_2 gegen Magenverstimmung. Balsamum (B a l s a m u m g i l e a d e n s e oder C o m m i p h o r a O p o b a l a m u m) hat H_1 wie Diosc. als Stomachicum. Berbena (V e r b e n a o f f i c i n a l i s), die „Ysena" der Hildegard ist eine alte Zauberpflanze, die vielfach (2, 3, 8, H_2) gegen Zahnschmerz gebraucht wird. Die Betonica (B e t o n i c a o f f i c i n a l i s), über die schon in antiken Zeiten ein „Liber de Herba Vettonica des P s e u d o - M u s a" existierte, war auch im frühen Mittelalter die vielgebrauchteste Heilpflanze, und zwar bei H_2 und in 2 gegen Wassersucht und in 2 und H_1 gegen Besessenheit. Nach Hildegard ist die „Bathenia oder Pandonia" eine Zauberpflanze ersten Rangs, „sie hat mehr Beziehungen zur menschlichen Wissenschaft als andere Kräuter, so wie die reinlichen Haustiere sich besser mit dem Menschen verstehen als die wilden Tiere. So beschattet sie auch bisweilen die Falschheit des Teufels wie auch andere Pflanzen, weil er schon mit dem Tau erscheint (quia ipse roralis est) und deshalb alle Kräfte der Kräuter kennt." Man kann sie nach Hildegard auch verwenden gegen falsche Träume und Liebeszauber.

In letzterem Falle muß man ein Blatt in jedes Nasenloch, ferner eines unter die Zunge stecken, in jeder Hand ein Blatt halten und die Betonica mit aller Kraft ansehen. Das muß man öfters und zwar solange tun, bis die Blätter auf dem Körper sich erwärmen, dann wird man von allem Liebeswahnsinn geheilt werden, vorausgesetzt daß man keinen Anreiz zur Liebe durch Speise oder Trank empfängt. Cerfolium „kirbele" (A n t h r i s c u s C e r e - f o l i u m) findet sowohl bei H_2 wie in 2 Verwendung gegen Ekzeme und Furunkeln. Vehedistel (C a r d u u s M a r i a n u s) gegen Herzstechen (H_1), bei Diosc. als σίλυβον erwähnt. Cucurbita „kurbesa" (C u c u r b i t a l a g e n a r i a) der Flaschenkürbis, „Flesche", in Hildegards Heimat auch „Fläsch" genannt, (G e i s e n h e y n e r 3 6) wird von Hildegard und Anthimus wegen seiner „Kälte" als Nahrungsmittel wenig geschätzt. Diptamum (D i c t a m n u s a l b a der Westeuropäer) wird von H_1, H_2 und in 8 (in einem Electuarium!) gegen Herzleiden (H_1!) und gegen Brustleiden gebraucht. Feniculum (F o e n i c u l u m o f f i c i n a l e) die venchelwurz, wie es in 1 heißt, ist seit den ältesten Zeiten (4) bis auf den heutigen Tag ein berühmtes Hustenmittel (H_1, 1, 2) und wird weiterhin auch in solchen Fällen benutzt, die wir als Tuberkulose bezeichnen müssen (H_2, 2). Auch gegen Magenverstimmung hilft der Fenchel vorzüglich (2, 3, H_1), ferner gegen den Caligo oculorum, das Nebeligsehen der Augen (1, 2, H_1, H_2) und gegen Geburtsbeschwerden (2, H_1). Vielfach wird auch der Samen des Fenchel verwendet, sei es gegen Leibschmerzen (2, H^1) oder wie heute noch gegen Schlaflosigkeit (2, H_1, H_2). Fenugraecum (T r i g o n e l l a F o e n u m G r a e c u m) war im Mittelalter in allen „edelen chramen", d. h. in den Apotheken zu haben und z. B. gegen Herz- und Lungenschmerz verwendet (H_2, 7). Ficus (F i c u s C a r i c a), die Feige findet bei Hildegard vielseitige Verwendung als erweichendes Mittel, insbesondere gegen Brustleiden, wie dies auch Dioscurides angibt. Frafolium „er(t)pere" (F r a g a r i a v e s - c a): Hildegard warnt vor dem Genuß der Erdbeeren. Gariofiles (E u g e n i a c a r y o p h y l l a t a) Gewürznelken finden sich in 7 und bei Hildegard als Mittel gegen beginnende Wassersucht.

Daß Gentiana lutea ein vorzügliches Magenmittel ist, war auch schon Hildegard bekannt. Das gleiche gilt vom Ingwer „Gingiber" (Zingiber officinalis) (H_1, 1, 2, 3, 4). Gladiolus, im frühen Mittelalter immer Iris spec., wird unter anderem auch gegen Tobsucht verwendet (2, H_1), Iris pseudacorus besonders gegen Geisteskrankheiten (H_2). Beeren des Lorbeer (Laurus nobilis) waren ein Allheilmittel, z. B. für Inkontinenz (2, H_2), Lungenoedem (2, H_1), Herzklopfen (2, H_1), die Blätter gegen Nierenschwellung (3, 8, H_1), das Oel gegen Gicht (2, H_1). Leuisticum (Levisticum officinale) dient seit Dioscurides zur Beförderung der Menstruation, so auch bei Hildegard, sonst noch gegen Husten (2, H_1) und Wassersucht (7, H_2). Leinsamenumschläge (Linum usitatissimum) gegen Brustleiden finden sich bei Hildegard, wie in 1 und 2. Ein ebenso altes Mittel sind Lupinen „vickbona" (Lupinus albus) gegen Darmparasiten (4, 5). H_1 scheint ebenfalls darauf hinzudeuten. Die Mandragora (Mandragora officinalis) konnte Hildegard nur als Droge gekannt haben. Merkwürdigerweise hat sie genau dieselben Anwendungen als Anaesthetikum, Hypnotikum und Aphrodisiakum erwähnt wie ein modernes Buch (Dragendorff. Die Heilpflanzen der verschiedenen Völker und Zeiten, Stuttgart 1898.). Übrigens gehen diese Verwendungen schon auf die Bibel und die antike Medizin (4) zurück. Auch Marrubium „andron" (Marrubium vulgare) gilt heute wie bei Hildegard und in 2, 3 und 4 als Mittel gegen Lungenoedem, Husten und chronische Katarrhe. Menta „bachmyntza" (Mentha aquatica) und „myntza minor" (M. arvensis), sind wie die M. crispa" „myntza maior" (H_1) seit alter Zeit gute Magenmittel gewesen (2,8, H_1). Millefolium „garwa" (Achillea millefolium) ist das uralte Mittel gegen Wunden, so bei Dioscurides und H_1. Die Schafgarbe wird heute noch (Dragendorff) gegen Menstruationsbeschwerden angegeben, wie bei H_2, gegen Caligo, Nebeligsehen der Augen in 2 und H_2. Myrrha (Balsamodendron Myrrha), früher ein allbeliebtes Heilmittel, findet äußerlich gegen Kopfweh Anwendung in 2 und H_2, seit Dioscurides bis heute als Zahnmittel, bei H₂ deutlich gegen Caries. Myrrhe galt seit den Zeiten der Bibel als vorzügliches Hypnotikum. Nux gallica (I u g l a n s r e g i a), die Walnuß dient in ihren Blättern und Fruchtschalen in 4, H₁ und H₂ wie heute als Mittel gegen Bandwürmer. Urtica (U. d i o i c a u n d U. u r e n s) rühmt Hildegard als Gemüse, wenn sie in jungem Zustand gesammelt wird, (siehe auch Plinius XXI, 92). Eine Verwendung der H e i t e r n e s s e l (U. urens) gegen Lungenleiden scheint auf Dioscurides IV, 93 zurückzugehen. In gleicher Weise finden wir für die Beonia (H₁) (P a e o n i a o f f i c i n a l i s) „dactylosa" die Pfingstrose Analogien bei Dioscurides, so in der Verwendung gegen Magenschmerz (H₂). Anderseits gibt H₁ abergläubische Verwendungen des Paeoniensamens an, wie sie heute noch im Volksglauben gelten. „Wenn ein Mensch geisteskrank wird, so daß er nichts mehr von sich weiß und wie in Exstase daliegt, dann soll man Paeonienkörner in Honig tauchen und auf seine Zunge legen. Dann werden die Kräfte der Paeonie in sein Gehirn aufsteigen und ihn wecken, so daß er schnell wieder zu seinem Verstande kommt." Diese hier offensichtliche Brauchbarkeit des Samens gegen Epilepsie wird übrigens auch bei D r a g e n d o r f f erwähnt. An einer anderen Stelle heißt es noch deutlicher: „Nimm Samen der Paeonia, tauche ihn in Schwalbenblut und wälze ihn gleich darauf in Semmelmehl. Wenn dann ein Mensch an der hinfallenden Krankheit, das heißt „wallendsucht" leidet, dann lege ihm den Samen in das Ohr, wenn er so daliegt. Das tue, so oft ihn die Krankheit befällt und er wird schließlich geheilt werden." Mohnöl (P a p a v e r s o m n i f e r u m) ist seit alten Zeiten ein Beruhigungsmittel (4, 5, 8). Hildegard verwendet es gegen Migräne (H₂). Persicus (A m i g d a l u s p e r s i c a), der Pfirsichbaum findet in allen Teilen Anwendung, und zwar die Blätter gegen Würmer (5, 8, H₁), der Samen gegen Kopfweh (5, 7, H₁), die Rinde gegen Gürtelrose und Stinkatem (nur in H₁!). Ein uraltes Heilmittel ist auch Petroselinum (A p i u m P e t r o s e l i n u m). Dioscurides kennt es als harntreibendes Mittel, nennt es als Mittel gegen Blasenleiden (2, 3, H₁) und bei schwachem, sich leicht aufblähendem Magen, wie H_1. Ein Allheilmittel ist der Pfeffer (Piper longum, P. nigrum), und zwar gegen Magenblähung (2, H_2) Leberleiden (2, H_1) etc. In unzähligen Kompositas erscheint er als erwärmende Beimengung (H_2). Piretrum (Anacyclus officinarum) ist ein beliebtes Mittel gegen Lungen- und Leberschmerz (H_1, H_2, 1, 2), Plantago „wegerich" (Plantago maior) gegen Fisteln (H_1, 2), Bauchschmerzen (H_1, 1, 2, 8), Gicht (H_1, 4) und Zauberei (H_1, 2), Psillium (Plantago Psyllium) gegen Fieber, besonders Magenfieber (H_1). Pulegium (Mentha pulegium) hinwiederum dient gegen Magenleiden (2, 4, H_1), Melancholie (2, H_1) und gegen Augentrübung (H_1 nach Dioscurides III, 33). Rafanum (Raphanus sativus) wirkt zur Behebung von Brustschmrez (2, 3, 8, H_1). Auch die Rose (Rosa centifolia) dient in allen Teilen seit alters der Medizin. Der Antike gehört jenes auch bei Hildegard angeführte Rezept gegen Blutandrang im Auge (2, 3, 4, 8, H_2). Weiter findet die Rose Verwendung gegen Lungen- und Leberschmerzen (H_1, 1) und gegen Kopfweh (H_2, 7). Ruta (Ruta graveolens), die Raute, ist wieder ein Allheilmittel, vor allem gegen Magenverstimmung (2, 4, 5, 8, H_2), dann gegen Augentränen (2, H_1) und besonders gegen Augentrübung (2, 3, 5, 8, H_1, H_2) und schließlich gegen Menstruationsbeschwerden (4, H_1, H_2). Für letzteres Leiden rühmt sie bereits Dioscurides, doch nennt er noch nicht die Verwendung der Raute gegen Inkontinenz. Bereits ein Vers im Regimen Salernitanum, das noch kurz vor Hildegard anzusetzen ist, weist darauf hin: Ruta viris venerem minuit, mulieribus auget. Noch merkwürdiger ist jene Stelle aus H_2, die in die Pariser Handschrift (Migne 1155) übergeschrieben ist und die man früher für eine sichere Interpolation hielt: „Si homo aliquando ita in delectatione commovetur, quod sperma ad articulum emissionis pervenit, sed tamen intra in corpore aliquomodo retentum fuerit, et inde infirmari coeperit, rutam et modicum minus de absinthio accipiat, et succum eorum exprimat, et huic succo zuccharum, et plus de melle, et tantum vini quantum succorum istorum est, addat etc."

Zu den uralten Heilmitteln der Europäer gehört auch der Salbei „salbeia" (S a l v i a   o f f i c i n a l i s), und zwar als Hustenmittel (2, H_2) und als Mittel gegen Kolik (2, H_2). Nicht minder berühmt war stets der Sadebaum „s(c)avina" (J u n i p e r u s   s a b i n a), der aber nur in 2 und H_1 analog gegen Asthma genannt wird. Saxifraga (S a x i f r a g a   g r a n u l a t a) dient, wie der Name sagt, gegen Steinleiden (1, 2, 4), bei H_1 ausdrücklich der Samen der „steinbrecha". Scammonea, die „scampina" der H_1 ist wie auch in 2 und 3, bei H_1 das bekannte Abführmittel und sicher identisch mit C o n v o l v u l u s   S c a m m o n e a. Die Wirkungen des Scolopendrium (S c. o f f i c i n a l e) sind altüberlieferte. Im Mittelalter wird die Heilpflanze vielfach zusammengeworfen mit A s p l e n i u m   C e t e r a c h, für das Dioscurides auch den Namen Scolopendrion anführt. Doch scheint die „hirczunga", die Hildegard gegen Lungen- und Leberleiden, Kopf- und Brustweh verwendet, richtig auf Scolopendrium hinzuweisen. Storax (S t y r a x   o f f i c i n a l i s), bei Dioscurides gegen Stuhlverstopfung verwendet, dient auch bei H_2 als Purgans. Symphytum (S. o f f i c i n a l e) „consolida" H_1 ist, wie der Name sagt, ein altes Wundmittel, so bei Bauchfellzerreißungen (H_2), gegen eitrige Wunden (2, H_1). Thus (B o s w e l l i a   s p e c), der Weihrauch findet sich bei H_1, 2 und 7 als Mittel gegen Augennebel. Turmentilla „dornella" (P o t e n t i l l a   t o r m e n t i l l a) wird merkwürdigerweise bei H_2 mit „vicwur(z)" (sonst Ficaria verna) glossiert und gegen „tortiones" = „stechedun" und „colica" = „vich" empfohlen, wie auch in 2. In dem Kapitel „dornella" (Migne S. 1191) dient die „blutwurz" gegen Fieber (H_1, 2, 8), speziell gegen Magenfieber. Z i n g i b e r (Z i n g i b e r   o f f i c i n a l i s) siehe Gingiber.

Vergleichen wir unsere Liste mit jenen ausländischen Heilpflanzen, mit den Gemüse- und Gewürzkräutern des Gartens, wie ich sie aus der Physica der Hildegard bereits an anderer Stelle zusammengestellt habe (Natur und Kultur 1925), so ergeben sich zwei Tatsachen.

1. Hildegard hat diese Pflanzen ohne Zweifel in früheren Lebensjahren im Unterricht kennen gelernt. Wenn sie selbst dies

auch nicht mit e i n e m Worte in ihren Schriften zugibt, sondern ihr ganzes medizinisch-naturwissenschaftliches Wissen aus Visionen herleitet, so können wir uns diese überraschende Erscheinung nur aus der seelischen Grundstimmung Hildegards erklären. Daß auch für sie der Satz gegolten haben muß: Was du bist, das bliebst du anderen schuldig, kann füglich nicht bezweifelt werden. Sollte sich nicht ein Schleier des Vergessens über ihre Lehrjahre bei der Äbtissin Juta ausgebreitet haben? — ein Schleier, der, ihr unbewußt, in den Visionen zerriß, so daß ihr mit einem Schlag ihr ganzes Wissen wieder gegenwärtig war. Ähnliche Erscheinungen sollen ja auch bei modernen Seherinnen aufgetreten sein. Jedenfalls muß Hildegard ein fabelhaftes Gedächtnis und glänzende Empirie besessen haben, denn ihre diätetischen und medizinischen Angaben über die Kräuter sind nicht ersonnen, sondern wie ich gezeigt habe, allenthalben aus früherer und gleichzeitiger Literatur zu belegen.

2. Hildegard kennt das antike Gut an Heilpflanzen durch Tradition. Dafür spricht die Erscheinung, daß sie fast überall die lateinischen Namen dieser Pflanzen anführt und sich in ihren Ordinationen im wesentlichen an die antiken Ärzte hält.

Ich führe nun die Liste der ausländischen Heilpflanzen bei Hildegard auf, aus der wir ersehen, daß ihr auch bereits durch die Araber bekannt gewordene Heilmittel geläufig waren. Diese sind durch den Druck besonders hervorgehoben. Ihre Verwendung ist in der arabischen Literatur zu finden.

AUSLÄNDISCHE HEILPFLANZEN DER HILDEGARD

1. Aloe (Aloe soccotrina und A. vulgaris Lam.). 2. Balsamon (Balsam von Balsamodendron gileadense Kunth. oder Commiphora Opobalsamum). 3. Carpobalsamum (Früchte des Balsamstrauches). 4. C u b e b e (Beeren von Piper Cubeba). 5. C y n a m o m u m (Rinde von Cinnamomum zeylanicum). 6. Galanga Galgan (Wurzel von Alpinia Galanga Sw.). 7. G a n f o r a (Dryo-

balanops Camphora). 8. Gariofyli (Caryophyllus aromaticus). 9. Gingibern (Amomum Zingiber). 10. Mandragora (Mandragora officinalis). 11. Myrrha (Harz von Balsamodendron Myrrha). 12. N u x m u s c a t a (Samen von Myristica moschata)[1]. 13. Piper (Beeren von Piper nigrum). 14. Scamphina (Convolvulus Scammonea). 14 a. Spica nardi (Lib. III, 2) (Nardostachys Jatamansi). 15. Storax (Harz von Styrax officinalis). 16. Thus (Boswellia spec.). 17. Zuccarum (Saccharum officinarum). 18. Z i t u a r (Amomum zeodaria). **Bäume:** 19. Baumwolle (Gossypium spec.). 20. Bontziderbaum (Citrus medica L). 21. Buxus (Buxus sempervirens L). 22. Cypressus (Cupressus sempervirens). 23. Datilbaum (Phoenix dactylifera). 24. Laurus (Laurus nobilis). 25. Lentiscus (Pistacia Lentiscus L). 26. Oleybaum (Olea europaea L). 27. Paliurus (Rhamnus Paliurus).

EINHEIMISCHE WILDWACHSENDE HEILPFLANZEN DER HILDEGARD UND IHRE VERWENDUNG

Viel interessanter als die bereits in der Antike und aus der arabischen Literatur bekannten Simplicia der Hildegard, sind ihre einheimischen wildwachsenden Pflanzen, die sie zweifellos selbst gekannt und deren medizinische Verwendung sie aus der Volksheilkunde übernommen hat. Daß Hildegard für ihre Zeit eine gute Botanikerin war, darüber ist sich die Geschichte der Botanik seit M e y e r (6), J e s s e n (25), P. K a i s e r (4), F i s c h e r B e n z o n (21) einig. Wenn sie über die Pflanze selbst verhältnismäßig wenig mitteilt, so liegt das durchaus im Geiste der Zeit, die nur für die Verwendung der Pflanzen Interesse hat. Das Urteil der Aufklärungszeit, das S p r e n g e l (33 S.) in seiner Geschichte der Botanik mit den Worten ausspricht: Bona abbatissima, quae nunquam plantas viderat, ist also längst überholt. Daß Hildegard in ihren Ausführungen über die einheimische Flora aus eigenem Wissen schöpft, beweist, wie ich bereits an anderer Stelle gezeigt habe, der Gebrauch von deutschen Namen

[1] Vielleicht schon bei Theophrastus.

der hier einschlägigen Pflanzen. Hier ist Hildegard so recht in ihrem Element. Was sie uns über die deutsche Pflanzenheilkunde sagt, ist ein einzigartiges Denkmal der Folklore, dem wir kaum ein zweites aus der gleichen Zeit an die Seite stellen können. Ich möchte deshalb an dieser Stelle erstmals eingehend den hierhergehörigen Text der Physica und Causae et Curae zur Besprechung bringen. Zur Feststellung eines guten Textes der Physica ist die älteste Handschrift desselben auf der Landesbibliothek in Wolfenbüttel (Kodex 3590) von Wert und es gelang mir in vielen Fällen, den bis zur Unverständlichkeit verstümmelten Text der Pariser Handschrift, die in dem bekannten Druck bei M i g n e (Cursus patrologia Bd. 197) benutzt ist, klarzustellen, und auf die wahrscheinlich originale Form zurückzuführen. (Darüber vergl. S. 113 ff.)

Die einheimischen Heilpflanzen der Hildegard sind im Folgenden in gleicher alphabetischer Reihenfolge der mittelalterlichen Namen behandelt wie oben die ausländischen. Nur die in der antiken Literatur unbekannten sind näher besprochen.

Acoleia, Agleia (A q u i l e g i a   v u l g a r i s) finde ich bei Hildegard erstmals. Sie wird ihrer Natur nach als kalt bezeichnet und empfohlen gegen Freischen (freischlich) und Scropheln (orfimae). In diesem Fall muß sie roh gegessen werden. „Wer aber viel schleimigen Auswurf hat, der soll die Akelei in Honig beizen (beysze) und oft essen. . . . Wer aber Fieber hat, der soll die Akelei stoßen, den Saft derselben durch ein Tuch seihen, Wein hinzugeben und dies öfters trinken. Dann wird es ihm wohler werden." Agrimonia (Agrimonia Eupatorium), der Odermennig, scheint Hildegard nur aus der Volksmedizin bekannt, denn nur eine der zahlreichen Anwendungen in der frühmittelalterlichen Medizin kehrt bei Hildegard wieder. Sie behandelt mit Wasserauszügen aus Odermenig Gedächtnisschwäche, indem sie warme Umschläge über Haupt und Herz des Patienten macht. Weiter verwendet sie Agrimonia gegen Phlegma d. h. schleimigen Auswurf (H_1, 2) und als Purgans (H_2). Eine Stelle in dem Kapitel Agrimonia deutet auf Behandlung einer Geschlechtskrankheit (vielleicht Syphilis?) Es heißt dort: Si autem homo de libidine aut incontinentia leprosus (!) efficitur, agrimoniam, et secundum eius tertiam partem hysopum, et aseri bis tantum ut istorum duorum est, in caldario coquat, et ex his balneum faciat et menstruum sanguinem, quantum habere poterit, admiscet, et balneo se imponat: sed etiam de arvina anseris accipat et bis tantum arvinae gallinarum, et modicum stercoris gallinarum et inde unguentum faciat; et cum de praedicto balneo exierit, eodem unguento se perungat, et in lectum se recollocet. Et sic frequenter faciat, dum sanetur. Eine wirklich merkwürdige Kur, die zuerst Odermenig, Isop, Gundelrebenextract und Menstrualblut zu einem Bade zusammenmischt und dann eine Salbe verordnet aus Gänse- und Hennenfett und Hühnerkot! Amphora (Rumex acetosa L) wird als Nahrungsmittel durchaus widerraten. Ampfer sei nur als Viehfutter geeignet. Danach scheint Hildegard der Gartenampfer noch nicht bekannt gewesen zu sein. Arnica „wolfesgelegena" H_1 (Arnica montana) kennt H_1 nur als Mittel für Liebeszauber. Offenbar klingt uralter germanischer Volksglauben mit, wenn sie sagt: „Die wolfesgelegena ist sehr warm, sie hat eine giftige Wärme in sich. Wenn ein Mann oder eine Frau in Liebe erglüht, dann wird, wenn jemand sie oder ihn auf der Haut mit grüner Wolfesgelegena berührt, der Berührte in der Liebe zum anderen verbrennen und wenn das Kraut vertrocknet ist, dann wird Mann oder Frau durch die Liebesglut fast rasend, so daß sie schließlich unsinnig werden. Arundo (Arundo Phragmites) hat keine besondere medizinische Verwendung bei H_1. Astrencia (Imperatoria Ostruthium), dient gegen Fieber und Magenschwäche, Aserum, nicht „asarum", wie bei Migne 1206 (Glechoma hederacea) gegen Brust- und Lungenleiden wie heute noch, ferner als Confortativum, gegen Ohrensausen und Kopfweh. In Compositas erscheint die „gundereba" bei H_2 als Geburten beförderndes Mittel und dann, wie oben bei Agrimonia besprochen, gegen eine lepröse Geschlechtskrankheit. Sehr merkwürdig ist nun, daß im Kapitel 48 die Haselwurz (Asarum europaeum) unter ihrem deutschen Namen „hasilwurze" behandelt wird. Hier widerrät Hildegard jede medizinische Verwendung des Krautes, bei „sucht", „ridden" (Wechselfieber) und Schwangerschaft. Es erscheint letztere Beurteilung umso merkwürdiger als sonst asarum bzw. azaro im frühen Mittelalter gegen Brandwunden, Phlegma (2), Magenschmerz, Drüsenleiden, Viehkrankheiten (1) sowie gegen dreitägiges Fieber (3, 8) vielseitige Verwendung fand. Durch die Benutzung von G. konnte ich nun feststellen, daß das Kapitel 212 bei M i g n e , Seite 1206, ein mit dem frühmittelalterlichen, lateinischen Namen der „gundereba" überschriebener Nachtrag ist, der A. und P. gemeinsam ist und an Stelle des verstümmelten Kapitel 105 „gundereba" stehen müßte (siehe Seite 119). Die Schreiber der späteren Handschriften deuteten „aserum" unrichtig auf die Haselwurz und schrieben „asarum". Benedicta (G e u m u r b a n u m) kennt H_1 als Aphrodisiakum, ferner als Nervinum und Roborans, wie bei D r a g e n d o r f f (18) heute noch steht. Blandonia „wullene" (V e r b a s c u m T h a p s u s) wird als Simplicium und in Compositis oft genannt, so gegen Herzbeschwerden, als Exspectorans und Anticatarrhale wie heute noch (H_1), ferner bei H_2 gegen Lungenleiden, Würmer und bei Menstruationsbeschwerden. Boberella (P h y s a l i s A l k e k e n g i) finde ich nur bei H_1, und zwar gegen Augentrübung und Ohrenleiden. Brionia „stichwurz", scitwrz (G.) (B r y o n i a d i o i c a) kennt Hildegard nicht aus der Literatur, sondern aus der Volksmedizin. Sie hat ganz überraschend eine Verwendung gegen Fußgeschwüre (H_1) und gegen Magenleiden (H_2). Calendula, ancusa „ringula" (C a l e n d u l a o f f i c i n a l i s) kann hier nur als Gartenflüchtling, also als häufig verwilderte Pflanze einen Platz finden. Hildegard kennt sie gut, besonders die Verwendung gegen Darmleiden wie heute noch (H_1, H_2), ferner gegen Vergiftung und Kopfgrind (H_1). Caliculata, morella, solatrum „nahtscade" (S o l a n u m n i g r u m) hat wieder bei Hildegard ganz einzig dastehende Verwendungen ,so gegen Kopfweh (H_2), Schenkelkrampf und Schwellung der Füße, als Zahn- und Herzmittel (H_1). Das gleiche gilt für die ebenfalls der antiken Medizin bekannte Celidonia „grintwurz" (C h e l i d o n i u m m a j u s), nämlich bei H_1 gegen Herbes, bei

H₂ als Purgans. Ob Hildegard unter centaurea Centaurea Cyanus oder Erythraea Centaurium versteht, ist schwer zu entscheiden. Ich glaube, daß ihr bei der Abfassung des Kapitels eine Erinnerung an Centaurea Centaurium nachklingt, die gegen Rupturen, also auch gegen Knochenbrüche, wie bei H₁ und gegen Ablagerungen von harnsaurem Kalk im Körper, also gegen Gicht, wie bei H₁ verwendet wird. Cicuta „scerling" (Conium maculatum und Cicuta virosa) scheint nach H₁ ein altes deutsches Hausmittel gegen Kontusionen und Muskelschmerz zu sein, cithysus „cle" (Trifolium pratense) gegen Augentrübung. Die Euphorbiaarten sind bei Hildegard schwer zu unterscheiden. Sicher ist nur die Diagnose von citocatia (Euphorbia lathyris), die seit antiken Zeiten als Purgans (H₁) dient. In H₂ wird sie verwendet gegen Magenverstimmung. Esula „brachwurz" können wir auf Eu. Esula deuten. Sie dient als Purgans bei Gicht und deren psychischen Folgen (H₁). Febrifug(i)a kann auf Erythraea Centaurium und Chrysanthemum Parthenium gedeutet werden, denn auch der deutsche Name „metra" kommt beiden Pflanzen zu. Verwendungen gegen Bauchschmerzen (H₁), Cholik „stechedun" (H₁) und bei Menstruationsbeschwerden (H₁, H₂). Ficaria (Migne Seite 1205) „vicwurz (H₂), vichwurz (G.), wichwurtz (Migne Seite 1196)" (Ficaria verna) kehrt in allen Handschriften mit gleichem Text wieder, was bereits der Schreiber von G. bemerkt. Sie dient gegen Fieber (H₁). Eine altdeutsche Heilpflanze ist auch die Frasica (Euphrasia officinalis), bei H₁ gegen innerliche Geschwüre, Wunden und Blattern. Filix (Aspidium Filix mas?) ist seit antiken Zeiten ein Bandwurmmittel. Merkwürdigerweise berichtet Hildegard darüber nichts, erzählt aber über dämonische Wirkungen des „farn" „Der Teufel flieht sie (!) und sie hat gewisse Kräfte, die an die der Sonne gemahnen, weil sie wie die Sonne das Dunkel erhellt. Sie vertreibt so Trugbilder (fantasias) und deswegen lieben sie die bösen Geister nicht. An dem Platze, wo sie wächst, übt der Teufel sein Gaukelspiel selten aus und den Platz, und das Haus, wo der Teufel ist, meidet und verabscheut sie. Blitz, Donner und Hagel fallen dort (ergänze, wo sie wächst) selten ein und auf dem Acker, auf dem sie wächst, hagelt es selten." Wie im weiteren eingehend ausgeführt wird, ist der Farn ein wirksames Amulett gegen alles Böse, das dem Menschen widerfahren kann. Hildegard ist hier sicher wieder die Vermittlerin alten Volksaberglaubens. Der Farn sei auch gut gegen „vergibnisse", d. h. Giftmischerei, den Frauen nütze er bei der Geburt eines Kindes und schütze dieses selbst. Originell ist auch die Verwendung gegen Gicht und Augentrübung (H_1). Frafolium „erpere" (F r a g a r i a v e s c a), unsere Erdbeere lehnt Hildegard als Genuß- und Heilmittel im ganzen ab, weil sie „slim" (livor = schleimige Ausscheidungen) erzeugt (siehe Seite 33). Gamandrea, alentidium (T e u c r i u m c h a m a e d r y s) wurde schon im frühen Mittelalter viel gebraucht. Hildegard kennt nur eine Verwendung gegen „kleine Krätze" Geranium, bei H_1, H_2 immer „storcessnabil" (G e r a n i u m p r a t e n s e) erscheint bei H_1 gegen Steinleiden und Herzneurose, bei H_2 in Compositas als Purgans sowie gegen Gift und Beschwörung. Gelisia „nyesewurz" möchte ich lieber auf H e l l e b o r u s v i r i d i s deuten, statt wie F i s c h e r - B e n z o n auf V e r a t r u m album, das für die sitterwurz (in G. sichwurz) alba bereits vergeben ist. Die Pflanze dient gegen Gicht, Gelbsucht, Herzleiden und Magenfieber (H_1). Sitterwurz alba, die im frühmittelalterlichen Latein elleborus alba heißt, dient bei H_1 als Purgans bei Melancholie und Menstruationsbeschwerden, wie schon bei Dioscurides steht. Elleborus niger (in der Antike stets Helleborus spec.) scheint in Deutschland wenigstens mit A d o n i s v e r n a l i s identisch zu sein und wird unter Nachwirkung antiker Literatur ebenfalls für Geisteskrankheiten, wohl hauptsächlich Melancholie verwendet (H_1). Gittum, herba „gicht" (H_1) (A g r o s t e m m a G i t h a g o) dient gegen Gicht und Magenbeschwerden (H_1). Hermodactylus „heylheubt" (C o l c h i c u m a u t u m n a l e) war Hildegard sicher gut bekannt, denn sie schildert die Giftwirkung der Herbstzeitlose auf den Menschen, während das Vieh durch ihren Genuß nur träge und bösartig würde. Eine westeuropäische Heilpflanze ist die Herba paralysis „hymesloszel" (P r i m u l a o f f i c i n a l i s), die schon H_1 gegen Paralyse d. h. Gicht und Schlagfluß sowie gegen Melancholie verwendet. Ippericum, bei H_1 „hartenauwe" (H y p e r i c u m p e r f o r a t u m) ist Hildegard als Heilmittel überraschender Weise unbekannt. Lappa „cletta" (A r c t i u m L a p p a) dagegen rühmt sie gegen Steinleiden, Grind (H_1), gegen Indigestionen und Lepra (H_2). Menna in P., in G. deutlich menue (R u m e x o b t u s i f o l i u s ?) ist ein kurzes Kapitel folgenden Wortlautes gewidmet: „Die Menna ist warm und trocken. Ein Blatt derselben über ein aufgebrochenes Geschwür gelegt zieht das Gift heraus und heilt. In Mus gekocht und so gegessen heilt sie schmerzende und schwärende Eingeweide." Bei den Vätern der Botanik heißt die Pflanze Menwelwurz. Die Verwendung entspricht genau der bei H_1 angegebenen. Ein zweiter Ampfer der Hildegard ist dann zweifellos „suregras" (Migne Kapitel 85), und zwar R u m e x a c e t o s e l l a, der im 15. Jahrhundert Surich heißt. Er wird, ebenso wie Melde und „latich" (L a c t u c a s a t i v a) als Nahrungsmittel empfohlen. Über einen dritten Ampfer der Hildegard vergl. Seite 53. Auch der Rhabarber (R h e u m p o n t i c u m) war Hildegard vielleicht bekannt, denn in Kapitel 107 „reinefane" in G. heißt es: „Deinde sumat rebarbere usw. A. P. und H_2 haben allerdings an dieser Stelle „rifelbere" Lens aquaticus „merlinsen" (L e m n a spec.) soll nach H_1 nur in Compositas medizinische Bedeutung haben, nämlich bei Leibschmerzen (H_2). Malva „babela" (M a l v a s i l v e s t r i s), eine im frühen Mittelalter viel gebrauchte Heilpflanze findet spezielle Verwendungen gegen Kopfweh, bei Melancholie, Wurzel und Blätter gegen Vergiftungen (H_2). Als Nahrungsmittel wird sie Gesunden widerstehen, für Menschen mit schwachem Magen sei sie aber zu Muß verkocht ein Heilmittel (H_1, 3, 8). Marrubium „andorn oder andron" (M a r r u b i u m v u l g a r e), ebenfalls zu Hildegards Zeiten ein hochberühmtes Heilmittel hat spezielle, sonst nicht nachweisbare Verwendung bei H_1 gegen Ohrenleiden und Kehlkopfleiden, bei H_2 äußerlich gegen Kopfweh. Gegen Katarrh (H_1) erwähnt auch D r a g e n d o r f f den Andorn. Mentastrum „rossemyntza, wildeminza" (wohl Mentha silvestris) kennt H_1 nur als Mittel gegen Gicht. Meu „berwurz" (Meum athamanthicum) kommt schon bei Dioscurides vor. Es ist fraglich, ob Hildegard die in den Voralpen Europas vorkommende Pflanze aus der Literatur kennt. Allerdings ist die Verwendung gegen Stoffwechselkrankheiten uralt, so gegen Gicht (H_1), die Wurzel bei H_1 auch gegen Gelbsucht. Gegen Fieber (H_1) wie heute noch (Dragendorff). Muscus „mose" — ob hier Moose oder Flechten gemeint sind, ist schwer zu entscheiden. H_1 erwähnt „muscus de piro, de malo", und „de fago" gegen Gicht und Wechselfieber (H_2), muscus circa viscum piri gegen Leberverhärtung. Merkwürdig ist, daß Hildegard von der weißen Seerose „nimphia" (Nymphaea alba) keine medizinische Verwendung angibt, obwohl diese sonst in der Antike und im frühen Mittelalter allgemein in Gebrauch war. Nebetta, calamentum (Nepeta Cataria) war ebenfalls allgemein bekannt, H_1 kennt sie nur gegen Scropheln. Origanum „dost" (Origanum vulgare) hat auch besondere Verwendung, H_1 gegen Lepra und tägliches Fieber, H_2 gegen Kopfweh. Pilosella „musore" (Hieracium Pilosella) wird gegen Herzbeschwerden (H_1) genannt; Peucedanum „hirceswurz" (Peucedanum cervaria) gegen Gicht und Schlagfluß (H_1), Pipinella „bibenella" (Pimpinella saxifraga) bei H_2 gegen Herz- und Magenleiden, sowie gegen Podagra. Plantago (Plantago maior) war im frühen Mittelalter ein Allheilmittel (siehe Seite 48) H_1 bringt zu den vielen Verwendungen noch den „wegerich" als Schutzmittel gegen Spinnen und andere Würmer (!). Der Stich dieser Tiere soll mit Saft vom Wegerich eingesalbt werden. Auch Knochenbrüche können durch Genuß eines Compositums, in das unter anderem Wegerichwurzeln kommen, geheilt werden. Geisteskrankheiten und Leberverhärtungen werden durch ähnliche Composita behoben (H_2). Polypodium (Polypodium vulgare) erscheint in alten Rezeptaren als Mittel, um Geschoße aus Wunden zu entfernen. H_1 weiß davon nichts, nennt aber den Tüpfelfarn als Mittel gegen Darmkrankheiten wie heute, H_2 als Mittel gegen dreitägiges Fieber,

Scabies und als Purgans. Proserpinata (P o l y g o n u m a v i - c u l a r e) ist vielleicht das „weg grasz" (Migne Seite 1164) der Hildegard, über dessen Heilwirkung sie allerdings nichts berichtet. Pulmonaria „lungwurz" (P u l m o n a r i a o f f i c i - n a l i s) dient schon bei H_1 und H_2 gegen Lungenleiden, ferner gegen Gicht, Magenleiden und Krebs (H_1). Pungo (wohl V e - r o n i c a B e c c a b u n g a) kehrt außer bei H_1 auch in 7 wieder und dient bei H_1 gegen Gicht und als Purgans. Quinquefolium „funffblat" (P o t e n t i l l a r e p t a n s) nennt H_1 gegen Gelbsucht, Fieber und Augentrübung, H_2 gegen Magenschmerz. Rasela (R h i n a n t h u s C r i s t a g a l l i) nach der Deutung von F i s c h e r - B e n z o n kommt außer in A. und P. (Migne Seite 1210) auch in G. in dem Kapitel „De fungis" vor und wird dort zusammen mit einem Schwamm, der auf oberen Türschwellen und anderem trockenem Holz wächst (Hausschwamm?), als Mittel gegen Scropheln empfohlen, sonst bei H_1 gegen Würmer. Reumatica „cranchsnabel" (E r o d i u m m o s c h a t u m) hat zahlreiche Verwendungen bei H_1, nämlich gegen Herzleiden, Katarrh, Husten, Angina pectoris, Kehlkopfleiden und Kopfweh, Rubea, auch „risza" in P. (R u b i a t i n c t o r u m?) bei H_1 gegen Fieber, bei H_2 ausdrücklich gegen viertägiges Fieber. Rubus „brema, in qua brambere nascuntur" H_1 (R u b u s spec.) ist ein sehr beliebtes Heilmittel des frühen Mittelalters, bei H_1 gegen Zungen- und Zahnschmerz, Lungenleiden und Husten, bei H_2 gegen Dissenterie mit Blutfluß. Sanicula „sanikela" (S a n i c u l a e u r o p a e a) hinwiederum dient gegen Magenleiden und Wunden (innerlich), Sandix, quaisdo (Macer) „weyth" H_1 (I s a t i s t i n c t o r i a) gegen Paralyse, d. h. Gicht und Schlagfluß, Serpillum „quenula" (T h y m u s s e r p y l l u m) gegen Scabies und Gehirnleiden (H_1), „erdpfeffer" (S e d u m a c r e) als Fiebermittel (H_1) und gegen männliche Impotenz (H_2), spica (L a v a n d u l a s p i c a) gegen Brust-, Lungen- und Leberschmerz (H_1). Es ist möglich, daß Hildegard die Pflanze in ihrer Heimat (Lavendelberg bei Kreuznach in der Rheinpfalz — siehe S t i c k e r Seite 27) wild wachsend gekannt hat. F i - s c h e r - B e n z o n nimmt hier Nardostachys Jatamansi an. Tanacetum „reynfan" (Tanacetum vulgare) nützt gegen „nasenboz", d. h. Schnupfen, Husten, Magenbeschwerden, Harnzwang (H_1), Menstruationsbeschwerden (H_1, H_2) und Kolik (H_2), Thymus (Thymus vulgaris) gegen Geschwüre, Lepra, Schlagfluß und Läuse, auch gegen Leibschmerzen (H_1), Tormentilla, dornella, bircwurz (Tormentilla erecta, außer für die Seite 49 genannten Leiden, gegen Magenfieber (H_1) und Dysenterie (H_2). „Waltbere, heydelbere" (Vaccinium Myrtillus) soll nach H_1 schädlich sein und Gicht erzeugen. Tussilago „huoflatta maior" dient gegen Scropheln (H_1, H_2), „huoflatta minor" gegen Leberleiden. (Mit Reuß können wir hier Petasites alba und Tussilago farfara annehmen.), Valeriana „denemarcha" Hildegard. (Valeriana officinalis) gegen Seitenstechen und Gicht (H_1). Viola (Viola odorata) hilft dagegen für Augentrübung und Melancholie (H_1) und Krebs (H_2), Viscum (Viscum album) in Compositas gegen Lungenschmerzen (H_2), Seitenstechen (H_2) und Gicht (H_1) „winda" (Convolvulus spec.) gegen grindige Nägel und männliche Impotenz (H_2), zizania „ratde" (Lolium temulentum) gegen Kopfgeschwüre und Fliegenplage.

Mit Absicht habe ich im Vorausgehenden nur wildwachsende Pflanzen aufgeführt, wie sie Hildegard selbst gesehen und gesammelt haben mochte. Wie ich bereits an anderer Stelle (Seite 50) ausgeführt habe, scheint mir diese Liste, die fast überall die deutschen Pflanzennamen bringt, außerordentlich beweiskräftig für die botanischen Kenntnisse Hildegards. Diese wurden früher, besonders in der Aufklärungszeit um die Wende des vorigen Jahrhunderts vielfach bezweifelt und kein geringerer als Kurt Sprengel, der Verfasser der ehemals hochgeschätzten Geschichte der Botanik, konnte sich über die Hildegard das höhnische Urteil leisten: „Bona abbatissima, quae nunquam plantas viderat, transscripsit alios transscriptores." Für die originellen Kenntnisse der Hildegard sprechen auch die Rezepte und Anwendungen der einheimischen Pflanzen, die bis jetzt fast durchweg ohne Belege aus älterer oder gleichzeitiger Literatur geblieben sind. Hier haben wir also die längst gesuchte deutsche, volkstümliche Pflanzenheilkunde, wie sie uns die sonstige frühmittelalterliche Rezeptliteratur nicht ausgesprochener und unverfälschter liefern konnte. Freilich hat Hildegard in ihren Schriften nicht alle zu ihrer Zeit mit Namen bekannten Heilpflanzen angeführt. Ein solches Streben lag nicht im Geiste ihrer Zeit und kein mittelalterliches Werk wird den Ruhm beanspruchen können, das ganze systematische Wissen der Zeit zu umfassen. Wenn wir die gleichzeitige Rezeptliteratur durchsehen, finden wir noch manches Heilkraut, das wir bei Hildegard vermissen. Damit ist nicht gesagt, daß sie dasselbe nicht gekannt hat. Ich führe hier an adiantum „murrute" (Adiantum ruta muraria), alleluia „goiseamphora" (Oxalis acetosella), anagallus „hunesdarm" (Alsine oder Anagallis), anchusa „ohsenzunga" (Anchusa officinalis), calcatripa, cardo agrestis „carte" (Dipsacus silvestris), caprifolium „uideuinda" (Lonicera), capsella (Capsella bursa pastoris), cardopatia (Carlina acaulis), celtica (Valeriana celtica), coccognidea, laureola (Daphne mezereum), centimorbia (Lysimachia nummularia), cynoglossa, lingua canina (Cynoglossum officinale), elelisfacum (Salvia pratensis), eupatorium (Eupatorium cannabinum), epithimum (Cuscuta spec.) jusquiamus „bilsa" (Hyoscyamus niger), lanciolata „rippa" (Plantago lanceolata), marrubium silvaticum „gotisvergezene" (Ballota nigra), matrisilva (Asperula odorata), mellilotum „romescle" (Melilotus officinalis), melissa (Melissa melissophyllum), mercurialis (Mercurialis spec.), morsus daemonsis „vorbizene" (Succisa pratensisis), palma Christi „stinca" (Orchis spec.), paritaria, vitriola (Parietaria officinalis), pomunculus, qui nascitur in fonte (Trapa natans), sparga, spark (Spergula arvensis), scordion (Teucrium scordion), senecio (Senecio vulgaris), sigillata „wizwurz" (Polygonatum officinale), vincatossica (Vincetoxicum officinale). Diese Liste ist mit aller Vorsicht aufgeführt, denn von manchen dieser Pflanzen könnte behauptet werden, daß sie im frühen Mittelalter nur aus der antiken Literatur bekannt waren und erst später mit einheimischen Pflanzen identifiziert wurden.

Auf die Gemüse und Gewürzpflanzen der Hildegard brauchen wir nicht weiter einzugehen, da diese recht offensichtlich jenen Bestand darstellen, den die Benediktinermönche aus der antiken Gartenpraxis übernommen haben. Da nun Hildegard Benediktinerin war, so kannte sie die Pflanzen von Jugend auf aus dem Klostergarten. So wie einst W a l a f r i e d von der Reichenau in seinem Hortulus alle möglichen Gemüsekräuter heranzog, so mochte auch Hildegard mit Eifer und Liebe in ihrem Klostergärtlein geschaltet und gewaltet haben. Einige ihrer Gemüsepflanzen sind selten, so daß „pfeffercrut", welches F i s c h e r - B e n z o n auf Lepidium latifolium deutet. „Sunnenwirbile" wird gewöhnlich auf C i c h o r i u m I n t y b u s gedeutet, wozu auch die lateinische Glosse solsequium paßt. J e s s e n macht nun darauf aufmerksam, daß im Rheinland die Bezeichnung Sonnenwirbel V a l e r i a n e l l a o l i t o r i a zukommt, daß also vielleicht Hildegard den Feldsalat (lactucella in G.) gekannt hat. Für Salatbereitung ist sie übrigens sehr eingenommen, vorausgesetzt, daß Gewürze dem Salat zugesetzt werden. Im Kapitel 90 (Migne Seite 1165) „De latich" sagt sie: Wer sie (die Salatarten) essen will, muß sie erst mit Dill und Essig beizen, damit sie ganz davon durchdrungen sind, kurze Zeit bevor sie gegessen werden. Wer sie so zubereitet ißt, dem stärken sie das Gehirn und befördern die Verdauung. Den Rotkohl hat Hildegard sicher gekannt. In G. steht nämlich deutlich rothcole (statt kochcole P.) G e i s e n h e y n e r (3 b Seite 59) hat auch festgestellt, daß Hildegard die Sommerzwiebel (A l l i u m C e p a L) als unlouch, planza, heute im Gebiet „Oelich" genannt, von der Winterzwiebel (Allium f i s t u l o s u m L) surigo, heute Serge oder Sörge, deutlich unterschied.
Untersuchen wir schließlich noch die Pilzkenntnisse der Hildegard. Mögen diese noch so bescheiden sein, bis zu den Vätern der Botanik kenne ich keine Schrift, in der Pilze eingehender behan-

delt sind wie bei Hildegard. Die Benutzung der Wolfenbüttler Handschrift hat sogar noch eine Erweiterung der Pilzliste Hildegards gebracht.

Die Kenntnis der Hypogäen, d. h. der unterirdisch wachsenden Pilze, beschränkt sich bei Hildegard auf den „hircesswamm (Elaphomyces), von dem sie berichtet, daß er kalt und hart und Mensch und Tier zum Genuß schädlich und ungeeignet sei. Die Textstelle ist nun weiterhin in allen Drucken der Physica verstümmelt und unverständlich. Ich stelle nun nach G. folgenden Sinn des lateinischen Wortlautes fest. Der an den Sammelplätzen der Hirsche entstehende Pilz ist gesunden Menschen schädlich, weil er durch Coagulation und Kälte entstanden ist. Aber die guten Säfte desselben lösen Ansammlungen von Schleim und Giftstoffe, wo immer ein gefährliches und giftiges Geschwür im Menschen entsteht und die Kälte desselben beseitigt die gleiche Gefahr. Die Trüffel „tuber" (Tuber spec.), die in 5 als Stipticum und gegen Blutflüsse empfohlen wird, nennt Hildegard auffallenderweise nicht, ebensowenig die Morchel „morchella", dagegen den „habecheswamp" (Hydnum imbricatum) in H_2. Wir wenden uns nun dem großen Kapitel „De Fungis" (Migne Seite 1194) zu, das in G. am besten erhalten ist. Hildegard spricht hier (nach dem Text nicht ganz klar!) die Ansicht aus, daß die auf feuchtem Boden und in feuchter Luft gewachsenen Pilze schädlich seien. Besser seien schon die, welche auf trockenem Boden in trockener Luft wachsen, obwohl auch sie wenig für die Medizin bedeuten. Dagegen seien die auf lebenden oder gefällten Bäumen wachsenden Pilze ziemlich geeignet für den Genuß und bisweilen auch für die Medizin. Es werden als solche Baumpilze genannt: 1. einer vom Nußbaum gegen Würmer. Ungenießbar. 2. von der Buche. Genießbar nach Abkochen, geschmort und gebraten unter Zusatz von guten Kräutern nützt er besonders dem verkälteten und verschleimten Magen. Bei Geburtsbeschwerden ist eine gut gefettete Bouillon aus dem Pilz zu kochen. Ich halte den Pilz für den Leberschwamm (Fistulina) 3. vom Holunder, also der früher offizinelle Hollunderschwamm (Hirneola Auricula Iu-

d a e). Ungenießbar. Eine medizinische Verwendung nennt Hildegard nicht. 4. von der Weide, also der früher offizinelle Weidenschwamm (T r a m e t e s s u a v e o l e n s). Daß aber der schleimig-bitterlich schmeckende Pilz eßbar sein soll, können wir Hildegard nicht glauben. Verwendet wird er gegen Herz, Lungen- und Milzleiden, als Purgans unter Zusatz von Purgierwinde (Scammonea) und Springwurz, schließlich gegen Schleier vor dem Auge (tela, „wiza"). 5. vom Birnbaum. Ungenießbar. Verwendung gegen Kopfgrind und grindige Nägel. 6. von der Zitterpapel, ungenießbar und ungeeignet als Heilmittel, 7. der Pilz, welcher auf der oberen Türschwelle, die ohne Dach bleibt oder auf irgendeinem anderen trockenen Holz durch die Wärme der Sonne, den Regen und verschiedene Luft, ohne Saftgehalt wächst. Ich kann hier nur an den Hausschwamm denken. Die Textstelle in G. besagt, daß der Pilz kalter Natur sei und gesunden Menschen von normaler Komplexion schade. Bei ungesundem Zustand der Körpersäfte, wie bei Blutfluß und Dissenterie, stellt der Pilz den Normalzustand wieder her, weil seine Heilwirkung immer in Wechselwirkung zu seiner Natur steht. Bei Scropheln, die noch nicht aufgebrochen sind, soll man den Pilz zu Pulver zerkleinern und davon ein Drittel „razala" (A l e c - t o r o l o p h u s C r i s t a g a l l i) zugeben und diese Pulver entweder mit Brot, in einem Ei oder einem Trank öfters zu sich nehmen. Noch einen Pilz fand ich in frühmittelalterlicher Rezeptliteratur, nämlich einen „fungus qui in prunario nascitur" (2), welcher gegen Fisteln gebraucht wurde. An dieser Stelle sei auch das Wenige angefügt, was Hildegard über Moose und Flechten in dem K. 57 des Baumbuches (bei Migne S. 1245) anführt. Gegen Gicht verwende man „mose" vom Birn- und Apfelbaum und von der Buche, gegen Wechselfieber solche von Dächern und faulendem Holz.
Wenden wir uns noch den Heilmitteln zu, welche Hildegard von den Bäumen gewinnt, welchen sie ein eigenes Buch (De arboribus) gewidmet hat. Dieses ist ganz ureigenstes, altgermanisches Traditionsgut, in dem die heidnische Mystik in christlicher Umgestaltung deutlich durchschimmert. In vielem erinnert hier die

Bearbeitung des Stoffes an die des Rhabanus Maurus, des ersten Deutschen, der zur Zeit Karls des Großen und Ludwigs des Frommen, also im 9. Jahrhundert in eigenartiger Weise über Naturdinge schrieb. Die symbolische Behandlung der Bäume kehrt bei Hildegrad wieder. Bei ihr bedeuten die Bäume menschliche Tugenden oder Laster oder abstrakte Begriffe aus dem menschlichen Seelenleben.

Beginnen wir mit Hildegards Bäumen, die unser besonderes Interesse verdienen, in der von ihr selbstgewählten Reihenfolge, so tritt uns zuerst malus, sonst nach der Frucht des wilden Apfelbaumes in der Simplizienaufzählung mala mantiana, „affoldra" (Pirus malus) entgegen. Seine Blätter werden empfohlen gegen Augentrübung, Pfropfreisersaft gegen Gicht, Knospen gegen Leber-, Milz-, Darmleiden und Migräne, Boden unter Apfelbäumen gegen Rücken, Lenden und Bauchschmerzen (H_1). Das Mittel, welches die Apfelbaumreiser benötigt, hat ausgesprochenen Volkscharakter. Wenn im Frühling die ersten Knospen ausbrechen, muß man einen Zweig ohne Verwendung eines eisernen Instruments abknicken, diesen in ein Hirschleder einhüllen, so daß dasselbe von dem ausfließenden Saft eben feucht wird. Wenn man von der Feuchtigkeit nichts mehr merkt, dann mache man mit dem Messer in den Trieb kleine Einschnitte, damit mehr Saft ausfließt und das Hirschleder dann von diesem möglichst durchtränkt wird, wobei man das Leder an einen feuchten Ort legt, damit es vom Saft noch mehr aufnimmt. Wenn man dann von der Gicht in den Nieren oder „lanken" (G) geplagt wird, dann umgürte man die nackte Haut mit dem Leder, daß der Saft des Apfelbaumes in das Fleisch übergeht. Bei der Verwendung des Bodens unter Apfelbäumen muß man die Zeit der Baumblüte benutzen, weil zur Fruchtzeit die Kräfte des Bodens bereits in die Früchte übergegangen sind. Vom „birboum" (Pirus communis) interessiert als Heilmittel am meisten die Birnbaummistel (viscum piri) gegen Brust- und Lungenleiden, sowie gegen Gicht. Vor dem Genuß der rohen Frucht warnt Hildegard. Wer die Birne essen will, soll sie braten oder besser noch kochen. Die Frucht der Birne dient im Electuarium (pretiosius auro, et utilius purissimo auro!) als hervorragendes Heilmittel gegen Migräne, ferner gegen Pleuritis und als Purgans (H_1).

Der „nuszboum" (I u g l a n s r e g i a) dient fast in allen seinen Teilen der Medizin, so Rinde und Blätter gegen Würmer (H_1, H_2), letztere auch gegen Gicht und Lepra (H_1). Die Schale der Nüsse verwendet H_2 gegen Augentränen und H_1 gegen Grind. Vor dem Genuß des Nußkerns werden schwächliche Personen gewarnt (H_1). Die Frucht des „quittenboum" (C y d o n i a v u l g a r i s) erwähnt H_1 als Mittel gegen Gicht, Verschleimung und Geschwüre. Die reife Frucht des Pfirsichbaumes „persichboum" (A m y g d a l u s p e r s i c a) dagegen taugt nicht für die Medizin, wohl aber die Blätter und Wurzeln gegen Würmer (H_1, 5, 8), Stinkatem (H_2), der Samen gegen Gicht und Angina pectoris (H_1), die innere Rinde (Cambium!) gegen Rose, die grüne Frucht im „luterdranck" gegen Seitenstechen (H_1), der Gummi („flius") gegen Augentränen (H_1, H_2), Seitenschmerz (H_2), Kopfweh (H_1, H_2). Gleich vielseitig in der Verwendung ist der „cerasus" (P r u n u s C e r a s u s), nämlich sein Samen gegen Geschwüre, Leibgriemen und Würmer (H_1), der Gummi gegen Augen- und Ohrenleiden. Nach H_2 soll beim Genuß der Kirschen gleichzeitig Wein getrunken werden. „Pruniboum" (P r u n u s d o m e s t i c a), darunter die kleinen Kriechenpflaumen, die auch heute noch zum Baumbestand der Bauerngärten gehören, verwendet H_1, und zwar die Rinde und Blätter gegen Würmer und die Asche als Schönheitsmittel, den Samen gegen Gicht und Husten, den Boden unter Pflaumenbäumen als Sympathiemittel. Auch der Boden unter dem „spirboum" (S o r b u s d o m e s t i c a) nützt zum Vertilgen von „rupen und zwyfeldern". Gegen Krätze und bei Vergiftung nützen Auszüge aus den Blättern des „mulboums" (M o r u s n i g r a), gegen Angina pectoris (H_1), Leberleiden (H_1, 6), Kopfweh (H_1) die Samen von „amygdalus" (A m y g d a l u s c o m m u n i s), während die des „haselboumes" (C o r y l u s A v e l l a n a) für schwache Naturen nur schädlich sind. Hier kommen die „coppini" d. h. die Blütenkätzchen zur Verwendung, und zwar gegen Scropheln und männliche Impotenz (H_1). Der „kestenboum" (C a s t a n e a v e s c a), der die Verschwiegenheit bedeutet, nützt durch seine Blätter, Fruchtschalen und Samen gegen Gicht, Kopfweh, Herz-, Leber-, Milz- und Magenschmerz (H_1). Wer einen Stock aus Kastanienholz trägt, wird sich gekräftigt fühlen (über die abergläubische Verwendungen der Bäume vergl. die Zusammenstellungen bei Reuß (8 d S. 72 ff.) und G r i m m s Deutsche Mythologie. „Nespelboum" (M e s p i l u s G e r m a n i c a) verwendet nur H_1 in Wurzelpulvern(!) gegen „ridden", d. h. Wechselfieber. „Fici folia" und „fici fructus" (F i c u s C a r i c a) sind altberühmte Heilmittel. H_1 verwendet erstere samt der Wurzel gegen Kopfweh, Augenleiden (auch H_2) und Brustleiden. Merkwürdigerweise hält Hildegard von den Früchten des „fickboumes" gar nichts. Ein Stock aus Holz des Feigenbaumes bringt seinem Träger Schwächung der Körperkräfte. Der Lorbeer (L a u r u s n o b i l i s) wird den Kompositas zugesetzt, und zwar die Blätter gegen Nierenschwellung (H_1, 8, 3), die Blätter und Rinde den Purgantien, ferner gegen Kopf-, Brust-, Seiten- und Rückenschmerz (H_1), die Früchte gegen Lungenoedem und Herzklopfen (H_1, 2) Inkontinenz (H_2, 2) und bei Geisteskrankheit (H_2), das Lorbeeröl gegen Fieber, Gicht, Magenverstimmung und Augentrübung (H_1). Äußerlich dienen Lorbeerenextrakte gegen Kopfweh (H_1), speziell Migräne (G.). Der „oleyboum" (O l e a E u r o p a e a). H_1 benutzt Rinde und Blätter gegen Herz-, Seiten- und Lendenschmerzen sowie gegen Gicht und Magenleiden, das Olivenöl bei Krebs, Fieber, Gicht, Tumor (H_1), Kopfweh und Geschwüren (H_2). Der „datilboum" und „palma", wohl beide P h o e n i x d a c t i l i f e r a, werden bei Hildegard an verschiedenen Stellen (C. XVI und LXI bei Migne) behandelt. In C. XVI erscheint der Baum in allen Teilen (Rinde, Holz und Frucht) als Exspectorans, wie heute noch die Frucht, in LXI gegen Pleuritis und Schizophrenie. „Bontziderboum" (C i t r u s m e d i c a), bei H_1 Blätter und Frucht gegen Wechselfieber, „cedrus" (J u n i p e r u s o x y c e d r u s), bei H_1 Zweige und Holz im frischen Zustand gegen Milzleiden und als Purgans, die Früchte gegen Gicht, in G. die Rinde und Blätter gegen Lepra, „cupressus" (C u p r e s s u s s e m p e r v i r e n s), ähnlich wie „cedrus", gegen Magenleiden und gegen Schwächezustände (H₁), ferner als abergläubisches Sympathiemittel (H₁), „sybenboum" (Juniperus Sabina) gegen Asthma, bzw. Lungenleiden (H₁, 2) und Würmer (H₁), „buxus" (Buxus sempervirens) als Purgans und gegen Hautflechten (H₁) mögen hier als nicht heimische Bäume genannt sein. Nun folgen im Baumbuch der Hildegard die wichtigsten einheimischen Waldbäume: 1. „abies" (Abies pectinata finde ich nirgends in allen Teilen nur annähernd so reichlich empfohlen wie bei H₁. Rinde und Blätter dienen gegen Kopfleiden, Schizophrenie, Magen- und Milzleiden, die Holzasche in einem Lautertrank gegen Brust- und Lungenleiden, der Samen gegen Krebs, Mund- und Lippenschwellung; 2. „tilia" (Tilia europaea) ebenfalls bei H₁ vielseitig verwendet, und zwar die „cortex mediana" (Cambium) gegen Herzleiden, das Holz als Sympathiemittel gegen Pest, die Blätter als Augenheilmittel, die Erde unter Lindenbäumen gegen Gicht; 3. die Eiche „quercus" (Quercus spec.), die die Nichtswürdigkeit(!) bedeutet, wohl wegen der Ungenießbarkeit ihrer Frucht und Nutzlosigkeit für die alte Medizin (in 8 dient übrigens die Frucht gegen Harnbeschwerden!). Hildegard meint, daß immerhin durch die Früchte „gewisse krummrückige Tiere, wie die Schweine", ernährt werden könnten; 4. die Buche (Fagus silvatica), die die Ordnung bedeutet, scheint seit den ältesten germanischen Vorzeiten als abergläubisches Sympathiemittel benutzt worden zu sein, und zwar sowohl die Zweige gegen Gelbsucht und Wechselfieber, wie die Wurzeln gegen Freischen (H₁). 5. Die Esche „asch" (Fraxinus excelsior) liefert in ihren Blättern ein Mittel gegen Gicht. Sehr interessant ist ihre Verwendung zur Bereitung eines Haferbieres, in dem sie dann den Hopfen ersetzt, ferner ihre Brauchbarkeit für eine nicht weiter geschilderte Ziegenkrankheit. 6. Die Espenblätter „aspa" (Populus tremula) wurden anscheinend früher gegen das Wundliegen der Säuglinge verwendet; die Rinde gegen Gicht, Magen-, Kopf-, Rücken- und Lendenschmerzen (H₁). 7. Die Erlenblätter „arla" (Alnus spec.) gegen Geschwüre. 8. Der „Ahorn" (platanus) (Acer pseudoplatanus) in den Zweigen und Blättern gegen Wechselfieber (H_1), das Holz gegen Gicht, der Boden unter Ahornbäumen gegen Nasenleiden (H_1). 9. Die Eibe „ybenboum" (T a x u s b a c c a t a) war wohl zu Hildegards Zeiten noch ein häufiger Waldbaum. Der Dampf des verbrannten Holzes dient gegen Nasen- und Brustleiden. Ein Stock aus Eibenholz ist dem Träger ebenso nützlich wie wir es bereits von dem anderer Bäume hörten. 10. Die Birke „bircka", vibex (B e t u l a spec.) dient wie die Haselnuß in ihren Blütenkätzchen („uzsprossen") gegen Furunkeln (cutis „bulechte"). 11. Die Föhre bedeutet zweifellos die bisher unerklärte Glosse „fornhaff", in G. „fornha" (P i n u s s i l v e s t r i s), das geht schon aus der teilweisen Wiederholung des Kapitels (bei Migne K. LXII. S. 1247) unter der Überschrift picea hervor. Ihr Saft wird zu Salben und Kollyrien vielfach verwendet, doch muß die allzu große Kraft dieses Heilmittels durch Zusätze gemildert werden. H_1 heilt mit der Salbe Augentrübung. Schon der Geruch der Zweige heilt den „schelmo" des Viehs. 12. Der „spinelboum" (E v o n y m u s e u r o p a e u s) steht wohl als Heilmittel gegen Wassersucht (Verwendung der Holzasche in Wein) und Milzleiden (Weinauszug der Früchte) in der Heilkunde einzig da. 13. Die „hagenbucha" (C a r p i n u s B e t u l u s) ist in Auszügen ihrer Blätter ein Mittel gegen Frühgeburten, Blätterauszüge samt Zweigen im Bad helfen bei Geisteskrankheiten, ein „span" des Hagebuchenholzes auf die Haut gelegt, beseitigt die „flecken". Die Hagebuche fliehen die „Luftgeister" und, wenn man im Wald übernachten muß, soll dies eben deswegen unter einer Hagebuche geschehen. 14. Die „wida" und „salewida" (S a l i x c a p r e a) werden bei H_1 auffallenderweise als Heilmittel abgelehnt, während H_2 die auch sonst vielfach verwendete Weidenrinde gegen Wechselfieber empfiehlt. 15. Der „erlitzboum" ist sicher C o r n u s m a s., und dient in Rinde, Holz und Blättern im Bad gegen Gicht, die Frucht als Purgans (H_1). 16. „mazeldra" = Maßholder (A c e r c a m p e s t r e). 17. „mirtelboum" wird zur Bierbereitung empfohlen, die in Niederdeutschland lange Zeit mit der „deutschen Mirte" (M y r i c a G a l e) betrieben wurde. (Vergl. F i s c h e r - B e n z o n S. 218.) Sonst dienen Blätterauszüge zur Beseitigung von Scropheln (H_1). 18. Der „wacholderboum" wird in Beerenextrakten gegen Brust-, Lungen- und Leberleiden verwendet (H_1, H_2). Auch die Zweige von J u n i p e r u s c o m m u n i s finden Verwendung z. B. dem Bad zugesetzt, vermindern sie die Heftigkeit des Fiebers (H_1). 19. Der „holderboum" (S a m b u c u s n i g r a) war im Mittelalter wie heute noch in allen Teilen ein Heilmittel. Es dienen bei Hildegard die Blätter und Blüten „cyclin" im Bad gegen Gelbsucht. 20. „hartdrugelenboum" wie richtig in G. steht, ist C o r n u s s a n g u i n e a. 21. „iffa" = U l m u s c a m p e s t r i s (Fischer-Benzon S. 217), ist ein Gichtmittel, dient gegen die Freischen und dient als Sympathiemittel wie die Hagebuche. Damit können wir die Waldbäume der Hildegard abschließen. Aus den letzten Kapiteln des Baumbuches erwähne ich noch die „hyffa" (R o s a c a n i n a). Sie dient in Blättern und Früchten gegen Lungenleiden, die „hanelpeffen", d. h. die Früchte, auch als Magenmittel, besonders als „deyck" = Hiefenmark. Die „spinae" (P r u n u s s p i n o s u s) sind wieder ein Gichtmittel, und zwar nicht nur die grünen Dornen sondern auch die Früchte, die „slehen". Die Schlehen sind auch ein Magenmittel, ihre Kerne vertreiben den Krebs. Der Weinstock (V i t i s v i n i f e r a) schließlich dient wieder in vielen Teilen der Medizin. Die Tränen, die beim Schneiden der Reben fließen, heilen die Augentrübung, Ohren- und Kopfweh. Gegen Husten, Brust- und Magenleiden helfen die Sproßspitzen zur Zeit der Blütenentwicklung. Trunkenheit wird durch Auflegen von Weinblättern beseitigt. Zahnleiden behebt ein Auszug aus der Holzasche des Weinstockes. Franken-Wein erhitze das Blut allzu sehr und müsse mit Wasser abgeschwächt werden, was beim Hunsrückwein (Hunnorum tractus) nicht nötig sei. Dem Schlafenden kann man die Sandkörner im Auge durch Benetzen der Lider mit Frankenwein entfernen. Gut sei auch der Wein gegen Gemütsleiden, wie Zorn und Traurigkeit, bei Wunden ist er im Verein mit Olivenöl ein desinfizierendes Mittel und für den, der „infolge der Kälte des Magens den Urin nicht zurückhalten kann", sei warmer Wein und Essig zu empfehlen.

Ein Rückblick über das Baumbuch der Hildegard belehrt uns, daß hier eine überraschende Vollständigkeit in der Aufzählung einheimischer Bäume erreicht wird. Einige Lücken könnten wohl mit den Baumnamen ausgefüllt werden, deren Erklärung bisher noch nicht gelang. Es gehört hierher 1. „felboum" (K. 39 bei Migne), F i s c h e r - B e n z o n denkt an einen Zusammenhang mit „felber", dem alten Namen der Weide (S a l i x   a l b a). 2. „folboum", den ich mit R h a m n u s   f r a n g u l a, dem Faulbaum, in Verbindung bringe. 3. „iffa", nach F i s c h e r - B e n z o n (Seite 216) U l m u s   c a m p e s t r i s. 4. „harbaum"; Beziehungen zu Harholz und Haubeere bei N e m n i c h sind möglich und der Baum wäre dann P r u n u s   P a d u s. G e i s e n h e y n e r (3 c) hält „harbaum" verschrieben für „sarbaum = P o p u l u s   a l b a. 5. „melboum", der verschrieben für „felboum" (Kapitel 39) auftirtt, könnte nach F i s c h e r - B e n z o n auf V i b u r n u m   L a n t a n a und S o r b u s   A u c u p a r i a gehen. 6. „gelboum" oder „melzboum" = B e r b e r i s   v u l g a r i s. 7. „schulboum", bei Nemnich ist Schulweide = L i g u s t r u m   v u l g a r e. Auffallend ist, daß die Fichte bei Hildegard nicht genannt wird. Im Zusammenhang mit ihrer äußerst seltenen Erwähnung in frühmittelalterlicher Literatur (nur im deutschen Bartholomäus wird „fichtinenrinde" als Heilmittel empfohlen) kommen wir hier zu dem auch aus anderen Beobachtungen gezogenen Schluß, daß die Fichte im Mittelalter ein ausgesprochener Gebirgsbaum war.

HILDEGARDS WISSEN VON DEN DINGEN DER UNBELEBTEN NATUR

Wenn ein mittelalterlicher Enkyklopaedist — auch Hildegard zählt zu diesen — sein Wissen über die anorganische Welt vorträgt, dann schreibt er ein Buch über die Steine, worunter er in erster Linie Edelsteine versteht, denen er dann noch einige technisch verwertbare Mineralien und Gesteine zufügt. Unter den Metallen versteht er alle Ausgangsprodukte für die Reingewinnung der Schwermetalle und Leichtmetalle, also auch die Erze. Hildegards Kenntnisse auf diesem Gebiete sind sehr gering. Oder sagt sie nur deswegen so wenig, weil die Verwendung der Steine und Metalle als Simplicia eine beschränkte ist? Jedenfalls erwähnt K a r l M i e l e i t n e r in seiner Geschichte der Mineralogie im Altertum und im Mittelalter (28) die Hildegard nur in einem kurzen Satze.

Doch entwickelt Hildegard auf geologisch-mineralogischem Gebiete immerhin einige Gedanken, die hier sogar die Ansichten des großen A l b e r t v o n B o l l s t ä d t überragen. Während dieser der Ansicht ist, daß die Gerölle an den Flußufern authigen, d. h. an Ort und Stelle entstünden, führt H i l d e g a r d über die Entstehung der Edelsteine im dritten Buch ihrer Subtilitates im Prolog folgendes an: „Im Orient und in jenen Gegenden, die sehr starke Sonnenhitze haben, entstehen wertvolle Steine und Edelsteine. Denn die Berge, welche an jenen Küsten liegen, werden von der Sonnenhitze so heiß wie das Feuer und die Flüsse, die in jenen Gebieten fließen, brodeln immer infolge der allzustarken Sonnenhitze. Wenn dann die überhitzten Berge bisweilen durch das Hervorbrechen dieser Flüsse überschwemmt werden, dann bleibt der aufziehende Wasserstrahl hängen und versteinert in drei bis vier Tagen. Wenn dann die Überschwemmung aufgehört hat, dann werden die warmen Sprudel durch Austrocknung zu Edelsteinen verhärtet. Diese werden von ihrem Entstehungsort in großer Zahl wie Schuppen losgelöst und fallen in den Sand. Sobald wieder eine Flußüberschwemmung ausbricht, nehmen jene Flüsse viele dieser Steine mit fort und tragen sie in andere Länder, wo sie dann von den Menschen gefunden werden."

Über die Entstehung jedes einzelnen Minerals wird dann im „speziellen" Teil ganz ähnliches berichtet wie im „allgemeinen", d. h. im Prolog. Die Mineralogie der Hildegard scheint hier sehr stark auf antiken Traditionen zu ruhen, wie die alten Fabeln über die Entstehung des Ligurius aus dem Harn des Luchses, des Bergkrisalls aus kalten Wässern (also unter Frostwirkung!) beweisen. Wie schon bei M i g n e (7 Seite 1249 ff) gezeigt wird, hat das Steinbuch der Hildegard zwei Quellen, nämlich die Hi-

storia naturalis des P l i n i u s und den Lapidarius des M a r -
b o d. Beide waren naturwissenschaftliche Belehrungsbücher,
so recht nach dem Herzen des frühmittelalterlichen Mönchtums.
Da das Steinbuch des Marbod unserer Hildegard zeitlich sehr
nahe steht, möge darüber einiges gesagt sein. Sein Verfasser war
Erzbischof von Rennes in der Bretagne (1035—1123). Dieses ist
nach M i e l e i t n e r (28 Seite 465) der letzte Ausläufer der
etwa seit Christi Geburt weitverbreiteten Schriften, die sich an
die Namen D a m i g e r o n — Orpheus — E u a x knüpfen,
und Marbod behauptet tatsächlich, daß er nur den Inhalt eines
von dem Araberkönig Euax an den Kaiser Nero gesandten Buches wiedergebe. In 743 Hexametern sind im Lapidarius die
Wunderkräfte von 60 Steinen besungen. Obwohl Marbod naturwissenschaftliche Angaben über die Steine nicht bringt, so hat
er sich offenbar davon überzeugt, daß diese die ihnen zugeschrie-
benen Wunderkräfte nicht haben. Er erklärt aber die negativen
Erfolge dadurch, daß sehr viele „Edelsteine" nichts anderes als
Fälschungen aus gefärbtem Glas seien, von denen man natürlich
keine Wirkung erhoffen könne. Hildegard, ja selbst M e g e n -
b e r g , der doch schon manche Fabel über die Steine bezweifelt,
ist in diesem Punkte nicht so kritisch wie Marbod. Der Glaube
an die Wunderkräfte der Edelsteine war eben bei dem mittelalterlichen Menschen zu tief eingewurzelt, er wurde von der Kirche zu sehr genährt, als daß ein Zweifel entstehen konnte. Welchen Eindruck mochte es auf die fromme Äbtissin gemacht haben, wenn der in seiner Formulierung von M e g e n b e r g über-
lieferte Steinsegen über die „lapides pretiosi" am Altare ausgesprochen wurde! Sie hatte sich die Vorstellung gebildet, daß die
Steine durch die Elemente Feuer und Wasser, aus denen sie entstanden seien, an sich schon viele Kräfte und Wirkungsmöglich-
keiten enthielten, nämlich zu guten, ehrenhaften und dem Menschen nützlichen Werken. Freilich gäbe es auch Steine, die nicht
auf die besagte Weise entstanden seien und diese könnten dann
mit Zulassung Gottes auch Schlimmes anrichten. Durch den
Steinsegen können aber die Edelsteine ihre guten Kräfte, die sie
durch das Anfassen und Hantieren von Seiten der unreinen, sün-

digen Menschen verloren haben, wieder erhalten. Im Wortlaut des Segens ist eine Berufung auf die 12 Edelsteine im Gewande des hohen Priesters. Nach der Vorschrift im 2. Buch Moses, 28. Kapitel, soll nämlich der Hohepriester einen Brustschild tragen, in dem sich vier Reihen mit je drei Steinen befinden, nämlich Sarder, Topas, Smaragd, Rubin, Saphir, Chrysolith, Ligurius, Achat, Amethyst, Beryll, Onyx und Jaspis. Auch in der geheimen Offenbarung des Hl. Johannes spielen diese zwölf Edelsteine eine Rolle. Nach mittelalterlicher Auffassung, wie sie ausdrücklich im Steinsegen formuliert ist, sind es die gleichen wie in dem Gewande des hohen Priesters. Nach dem Wortlaut bei Johannes stehen jedoch Chalcedon, Hyacinth, Sardonyx und Chrysopras an Stelle von vieren der obigen Steine. Durch die Bibel sind also dem Mittelalter allein schon nach den angeführten Schriftstellen 16 Namen von Edelsteinen geläufig gewesen; dazu kommt noch die Erwähnung des Diamanten (adamas), des Bergkrystalls (crystallus), des Prasius und des Cornelion. Auch der Diamant und der Bergkrystall gehören zu den Edelsteinen der Bibel, wie bereits R h a b a n u s   M a u r u s in seinem Buch „De Universo" vor Hildegard festgestellt hatte. Ersterer wird genannt bei Jeremias XVII, letzterer wiederholt, so Apocalypse IV und bei Ezechiel I. Hildegard kennt das Vorkommen von Diamanten auf sekundärer Lagerstätte, an südlichen Gestaden in der Größe eines Kiesels („krisolo"). Rhabanus, der immer wieder auf seinen Gewährsmann den großen I s i d o r v o n S e v i l l a aus dem 6. Jahrhundert zurückgeht, belehrt uns über einen indischen Diamanten (auch bei Plinius 35, 4), der eine bräunliche Farbe und den Glanz des Bergkrystalls hätte. Seine Größe sei höchstens die eines Nußkerns. Mit Plinius verwendet Hildegard den Diamant gegen Geisteskrankheiten. Auch die Kenntnisse der Hildegard über den Bergkrystall und seine Entstehung gehen auf eine uralte Überlieferung zurück. Plinius (37, 2) sagt bereits, daß er durch „heftigen Frost verfestigt" würde und nirgendwo anders sei er mit Sicherheit zu finden, als da, wo schneebedeckte Berge zum Himmel ragen. Er sei sicher nur Eis (krystall!). Neben anderen Fundorten werden die Alpen genannt. Rhabanus

und Hildegard berichten ungefähr dasselbe mit scholastischer Breite. Der bei Migne gedruckte Text über die beiden Edelsteine kann aus der benutzten Wolfenbüttler Handschrift (G.) in wesentlichen Punkten verbessert werden, was ich hier schon erwähnen möchte. Auch den Prasius der Hildegard nennt bereits Plinius (37, 8). Nach H u g o S c h u l z, der ihn in Megenbergs „Buch der Natur" wieder findet, ist der Prasius nichts anderes als ein lauchgrüner Quarz, im Handel Smaragdmutter genannt. Der Cornelion ist, wie auch wieder aus Megenbergs Buch hervorgeht, nichts anderes als der Karneol. Er wird wohl auch schon Exod. II erwähnt. Seine Verwendung gegen Nasenbluten (similia similibus!) bei Hildegard und Megenberg beweist die gleichartige sympathische Verwendung dieses, wie überhaupt aller Edelsteine in der mittelalterlichen Volksmedizin. Ich möchte mich über diesen nach unserer heutigen Anschauung wohl stets unbegründbaren Aberglauben nicht weiter verbreiten. Es ist antikes Erbgut, als solches von allen mittelalterlichen Autoren übernommen und von der Kirche, wenn auch mehr in symbolischer Weise gestützt worden, also nicht einer einzelnen Persönlichkeit zur Last zu legen. Wenn Hildegard an die Wirkung der Steine glaubt und die Edelsteine als Simplicia aufführt, so handelt sie hier im Geiste ihrer kritiklosen Zeit. Wenn sie die Entstehung der einzelnen Edelsteine mit dem Stand der Sonne in Beziehung bringt, so knüpft sie nur wieder bei Plinius (37, 5) an, von dem wieder M a r b o d sein Wissen übernimmt, das er dann in mystischer Weise metaphysisch auswertet. Hildegard, als Mystikerin, geht selbstverständlich besonders auf solche Stellen ein, wie uns der Anfang des Kapitels über den Amethysten zeigt. Dort heißt es, daß seine Entstehung in der Sonnenaureole auf eine Umwälzung in der Kirche hindeute.
Nun noch eine „naturwissenschaftliche" Blütenlese aus dem Steinbuch, dem Buche über die Metalle und die Flüsse, das ursprünglich mit dem Buch über die Bäume zum 2. Buch verbunden war! Im Kapitel XVIII über den Magneten heißt es, er würde durch den Geifer eines giftigen Wurmes erzeugt, der Ligurius (Kapitel XIX) entsteht nach altantiker Überlieferung aus

dem Harn des Luchses, der Fettgehalt der Flüsse würde mit dem Salzgehalt des Meeres zu den Perlen der Meeresperlmuschel coaguliert (Kapitel XXI). Besser ist die Erklärung über die Entstehung der Perlen der Flußperlmuscheln (Kapitel XXII „Berlin"). Diese sollen durch Aufnahme eines Giftstoffes (tatsächlich beruht ja die Perlenbildung auf einer Infektion!) entstehen. Die Entstehung des gebrannten Kalkes („creta") aus dem kohlensaurem Kalk (calx-„cride") sei mit einer Energievermehrung („magis roboratur") verbunden. Das ist keine schlechte, im Gegenteil eine höchst originelle und geradezu modern-wissenschaftliche Vorstellung. Die dem Ätzkalk innewohnende Wärme kann äußerlich medizinisch verwendet werden. Keine medizinische Brauchbarkeit käme dem „alabastrum, marmor, grieszstein, calkstein, ducksteyn" und den „wacken (Grauwacke"!) zu, da sie nicht richtig temperiert seien. Viel wichtiger ist das Salz (I 182), dessen physiologische Bedeutung Hildegard klar ist. Übermäßiger Salzgenuß soll einen ungünstigen Einfluß auf die Leber haben. Reines Salz sei dem rohen Steinsalz durchaus vorzuziehen. Die ungünstige Wirkung übermäßigen Salzgenusses beruhe, wie Hildegard sehr richtig bemerkt, auf einer Austrocknung der Körpergewebe. Der Schwefel (I 187) hat nur einen medizinischen Wert als Sympathiemittel gegen „vergibnisse, zauber und fantasmata".

Wir wenden uns nun dem zweiten Buch de elementis bzw. de fluminibus (wie er in G. heißt) zu und werden zu unserem Erstaunen belehrt, daß auch die Elemente, d. h. die Atmosphärilien und der Boden im heutigen Sinne, ferner Meer- und Flußwässer spezifische medizinische Wirkungen haben. Von einer Behandlung mit Flußwasser erhofft sich Hildegard den besten Einfluß auf die im Greisenalter auftretenden Augenkrankheiten. Frisches Quellwasser eine mäßige Weile (per modicum; in H_2 steht una hora! was aber nach mittelalterlichen Sprachgebrauch auch nur „einige Zeit lang" bedeutet) im Mund behalten, hält bei täglicher Anwendung zur Zeit des Aufstehens den Schleim von den Zähnen fern und diese bleiben gesund. Auch gegen unzeitige Menstruation hilft das Wasser. Es werden Umschläge um den Leib gemacht, die nötige Diät muß eingehalten werden. Bier und Wein dürfen aber zur Kräftigung genossen werden.

Echt mittelalterlich und heute unverständlich sind Hildegards Vorstellungen über die Entstehung und die Heilwirkung verschiedener Flußwässer. Eng ist auch ihr geographischer Horizont. Ihre großen Reisen in Süd- und Mitteldeutschland hatte sie erst nach der Abfassung ihrer Physika gemacht. Was sie vom Seh erzählt und von den Flüssen Rhenus (Rhein), Mogus (Main), Donauwia (Donau), Mosella (Mosel), Na (Nahe), Glan (Glan), Sara (Saar), das konnte jede Nonne im Rhein-Nahekreis wissen, wenn sie auch niemals aus ihrer Clausur herausgekommen war. Und doch ist das Wenige, was Hildegard hier berichtet, ein Stück Heimatgeschichte und durchaus originell. Was haben wir uns unter dem Seh vorzustellen? Er soll seinen Ursprung vom Meere und Salzgehalt haben. Man möchte etwa an die Zuiderzee denken. Aber Hildegards Horizont ist ja so eng! Es kann also nur der ihrer Heimat nächstgelegenste See in Betracht kommen, der Laacher See, der heute noch in der Eifel schlechthin „der See" heißt. Mogus (sonst Moenus), ein langsam fließender Fluß, kann nichts anderes als den Main bedeuten. Schon der lateinische Name für Mainz (Moguntiacum) deutet darauf hin. Mit Hilfe von G. kann auch die bei Migne Seite 1213 verstümmelt wiedergegebene Stelle über die Saar richtig gestellt werden. Es muß heißen: Die Saar ist (in ihrer Heilwirkung) wie die Nahe, der Fluß bei Busendorf[1] (die Nidda!) wie der Rhein (II 19).

Der Boden, d. h. das Element Erde im antik-mittelalterlichen Sinne, ist von Natur aus kalt und hat viele Kräfte in sich. Hildegard kennt vier Bodenarten, eine weiße, schwarze, rote und grünliche. Unter den weißen bzw. bleichen Böden möchte man die Sandböden verstehen, die nach Hildegard etwas Wein, Obst und Getreide produzieren, unter den schwarzen die Moorböden, die eine kalte Feuchtigkeit haben und daher nicht alle Fruchtarten hervorbringen, unter den braunroten (rufus!) die Braun- und Roterde, die richtig temperiert sind und die meisten Früchte hervorbringen. Was Hildegard unter der grünlichen Erde ver-

---

[1] Mit einem Abt von Busendorf (Busonville) stand Hildegd. im Briefwechsel.

steht, ist schwer zu sagen. Ist es gründlicher Mergel oder Glaukoniterde? Daß sie steiniger Natur, also eher ein Gestein als ein Boden ist, wird ausdrücklich gesagt. Auch ist sie zum Anbau nicht geeignet. Gegen Halsleiden (halszer) kann sie als Heilmittel verwendet werden. Über die Erde, welche crida (Kreide) genannt wird, ist nur noch nachzutragen, daß sie zur Konservierung von Schafsfellen verwendet werden kann. Die Erde schließlich, welche „calaminum" genannt wird, leitet uns bereits in das Gebiet der Erze und Metalle hinüber. Unter Calamin versteht man heute das Kieselzinkerz. Hildegard denkt natürlich an Zinkerz überhaupt und hat vielleicht das Vorkommen am Altenberg bei Aachen im Auge. Früchte kann die Zinkerde nicht tragen, aber sie hat in Compositas eine fäulniswidrige Kraft. Wer denkt hier nicht an die heute noch beliebte Zinksalbe? Nur in G. ist sogar ein Rezept zu finden, in dem ein Weinaufguß über Zinkerde gegen Augentrübung empfohlen wird. Das Mittel darf aber wegen seiner starken Wirkung nur auf die Augenwimpern gegeben werden (II 12).
Über die gebräuchlichsten Metalle berichtet das achte (bzw. nach unserer Einteilung das neunte) Buch der Physica. Was im Prolog über die Entstehung der Metalle gesagt wird, lautet höchst dunkel. Hildegard scheint anzunehmen, daß bei der Durchfeuchtung des Bodens durch das Wasser zu Beginn der Weltschöpfung sich eine feurige Kraft (ignea vis) des Wassers in Form der Metalle im Boden und mit diesem zusammen ausgeschieden habe. So sei gewissermaßen aus den Elementen Feuer und Erde etwa Stahl und Eisen entstanden. Daß der Stahl Hildegard als Kunstprodukt bekannt war, geht übrigens aus Kapitel VIII De Calybe hervor, wo vom Stahl als einem im Feuer geglühten Eisen die Rede ist. Die medizinische Verwendung der Edelmetalle erscheint ebenso abergläubisch wie die der Edelsteine. Doch weiß Hildegard einiges über die Giftwirkung der Metalle, so über die des Silbers, des Bleis und Zinns. Man darf keine Speisen und Getränke in Blei- und Zinngefäßen aufbewahren. Das Kupfer sei gewissermaßen die Asche des Goldes, wohl wegen seiner Farbe. Es findet innerliche Verwendung gegen verschiedene Fieber,

äußerliche gegen Gicht. Gegen „strengel oder heuptsichtum" der Haustiere wird es in einem Wasseraufguß verwendet, mit dem das Futter der Tiere besprengt wird. Messing habe keine medizinische Wirkung, weil es ein Kunstprodukt sei. Quecksilber wird mit gleichen deutschen Namen von Hildegard gelegentlich genannt, obwohl ihm im Metallbuch kein eigenes Kapitel gewidmet wird. In G. ist im Metallbuch noch ein Kapitel IX De terra, das wohl nicht mehr Hildegard zukommt. Interessant ist darin eine Anspielung auf die Taucherglocke der Wasserspinne. Die ungenügende Naturbeobachtung des Mittelalters hielt die von der Spinne in die Tiefe des Wassers hinuntergerissenen Luftblasen, die infolge der Totalreflexion des Lichtes wie Quecksilberkugeln glänzen, tatsächlich für das Metall, das von der Spinne ausgeschieden werde.

HILDEGARDS TIERKUNDE

Wenn Hildegard im vierten Buch ihrer Subtilitates oder Simplicienlehre (nach moderner Einteilung seit 1533 durch Schott im fünften Buch der Physica) mit den Fischen beginnt, so ist das keine Willkürlichkeit von ihr. War es doch ihre ausgesprochene Absicht, ihr Werk de simplici medicina secundum creationem, d. h. in der Weise zu disponieren, wie sie der Schöpfungsbericht in der Genesis angibt. Diese Absicht war bereits im 13. Jahrhundert von dem ersten Zeugen für die Echtheit der naturwissenschaftlichen Werke der Hildegard, Matthaeus von Westminster, erkannt worden (S. 27).
Entsprechend dem Schöpfungsakte des dritten Tages behandelt also Hildegard zuerst die Pflanzen und das unbelebte Gerüst der Erde, den Boden und die Steine. Ein Anhängsel ist bei Hildegard das achte (bzw. neunte) Buch über die Metalle, das nach Hildegards Ausführungen über die Entstehung derselben besser an dem Anfang des Werkes stehen sollte entsprechend dem Ergebnis des zweiten Schöpfungstages. Am vierten Tage belebten sich die Gewässer mit Fischen und die Luft mit Vögeln. Hildegard

folgt auch hier ganz dem Bericht, ja sie setzt sogar die „cete grandia d. h. die ungeheuren Walfische an den Anfang des Fischbuches, offenbar um sie als im Schöpfungsbericht eigens erwähnte Wassertiere besonders hervorzuheben.

Hildegards Buch von den Fischen ist zweifellos die originellste Aufzeichnung über dieses Gebiet der Tierkunde, die wir aus dem Mittelalter haben. Ihre Kenntnisse der einheimischen Fische sind so gründliche, daß kaum eine wichtigere Art ihrer Aufzählung entgeht, ja was sie über die Lebensweise der Fische berichtet, stimmt meist auffallend gut mit den Ergebnissen der modernen Forschung überein. Wo hat sie dieses Wissen, das im Grunde viel origineller und reicher ist als ihre vielgerühmte Kenntnis der Pflanzen erworben? Nun, es liegt nahe, sich daran zu erinnern, daß die mittelalterlichen Klöster ein großes Interesse am Fischfang und an der Fischzucht hatten. Boten ihnen doch die Fische eine höchsterwünschte Abwechslung in der eintönigen Reihe der Fastenspeisen. So finden wir heute kaum eine Klosteranlage des Mittelalters, die in der Nähe nicht wenigstens Spuren umfangreicher Teichanlagen zeigt. Muß nicht auch Hildegard solche Teichanlagen in der Nähe ihrer Klöster am Disibodenberg, und später am Rupertusberg bei Bingen, mit besonderem Interesse gepflegt haben? Ihr lebhaftes Interesse für das Leben der Wassertiere läßt uns diese Annahme nicht allzu gewagt erscheinen. Außerdem gab ja auch die Nähe fischreicher Flüsse, wie des Rheins und der Nahe, genug Gelegenheit zum Fischen und zum Studium der Flußfische. Hildegard hat sicher das Aufsteigen der Salme im Rhein gekannt (Kap. V und VII); sie wußte wohl auch etwas von dem Einwandern der Flundern in die Flüsse, da sie von den wenigen genannten Meeresfischen gerade den „scolno" (G.!) oder Scollus (A.) hervorhebt. Nach L o n i c e r (Kräuterbuch von 1609) kommen übrigens Plateissen, d. h. Flundern, gelegentlich den Main herauf. S m o l i a n (Merkbuch der Binnenfischerei, Berlin 1920, I. Bd., S. 68) bemerkt, daß Flundern sehr selten den Rhein bis zur Mosel hinaufwandern. Es scheint, daß sich seit Hildegards Zeiten die Biologie dieser Fische etwas geändert hat. Bei dem großen Interesse, das Hildegards Ausführungen über

das Leben der Fische verdienen, möchte ich die Einleitung zu
ihrem Fischbuch in möglichst getreuer und vollständiger Übersetzung wiedergeben. Auszugsweise habe ich bereits darüber
in Natur und Kultur 1924, S. 194, berichtet.
„Einige Fische halten sich ihrer Natur entsprechend auf dem
Grunde des Meeres und der Gewässer auf, suchen dort ihre Nahrung und durchfurchen den Grund, wie die Schweine den Boden. Dort suchen sie unausgesetzt die Wurzeln gewisser Kräuter, die ihnen für lange Zeit genügen, und was sonst ihnen zur
Nahrung zusagt. . . . Das Fleisch dieser Fische ist etwas weichlich und unkräftig. Zum Essen sind sie nicht gesund, weil sie sich
immer auf dem Grund der Gewässer aufhalten. Manche unter
ihnen lieben den Tag und den Sonnenschein mehr als die Nacht
und den Mondschein. Bei anderen ist es umgekehrt. Einige von
ihnen laichen ohne Unterbrechung bis zur vollständigen Ausstoßung von „rogim" (Rogen) und „milche" und werden nach
dem Ablaichen etwas geschwächt, andere haben beim Laichen
Unterbrechungen, d. h. sie warten, bis sie wieder etwas gekräftigt sind, laichen dann wieder ab, so daß sie sprungweise vom
März bis Herbst ihren Rogen ausstoßen.
Nun gibt es aber auch solche Fische, welche vorzüglich mitten
im reinen Wasser des Meeres und der Flüsse sich aufhalten und
dort ihre Nahrung suchen, die sie in Form gewisser sehr gesunder Kräuter an aufragenden Klippen finden. Diese Kräuter sind
so heilsam, daß der Mensch sich von jeder Schwäche befreien
würde, wenn er sie erlangen könnte. Diese Fische sind gesund
für den Genuß und ihr Fleisch ist ziemlich kräftig, weil sie sich
immer im reinen Wasser aufhalten, obwohl sie bisweilen auch auf
den Grund der Gewässer hinabsteigen. (Nun wird die ganze
Sache von gewissen „kleineren" Fischen, als den vorgenannten,
nochmals erzählt!)
Es gibt aber auch solche Fische, welche nahe der Oberfläche des
Meeres und anderer (!) Flüsse sich aufhalten, und dort im Wogenschaum und dem aufschwimmenden Unrat ihre Nahrung
suchen. Diese werden von der Sonne mehr wie andere Fische
durchwärmt; und doch verbergen sie sich bisweilen in gewissen

Grotten, in denen übelriechendes Wasser ist, das nicht wegfließen kann. Deshalb ist ihr Fleisch unkräftig und weichlich und sie eignen sich nicht zum Essen. Diese steigen bisweilen etwas in den Gewässern (zu ergänzen: der Flüsse!) hinab und pflegen sich an den Küsten aufzuhalten. (Die weiteren biologischen Angaben sind wieder genau dieselben wie vorher!)
Alle Fische aber fressen, je nach ihrer Art, die ihnen zusagenden Kräuter den Winter und bisweilen (fehlt in G.) auch den Sommer hindurch, wodurch Milch und Rogen bei ihnen heranwächst. Das Fressen (dieser Kräuter) macht sie „suuanger" (wie es nach G. heißen muß, nicht nach P., suaviter), weshalb sie auch den Menschen, d. h. eine unfruchtbare Frau, zur Empfängnis fruchtbar machen könnten. Rogen und Milch entsteht bei ihnen zu dem gleichen Zweck wie bei der Begattung anderer Tiere. Diese findet aber bei ihnen nicht statt, sondern sie haben nur zur Ausstoßung des Gelaiches einen solchen Drang wie andere Tiere zur Begattung (siehe S. 131). Und so sucht nun eines das ihm entsprechende und zukommende andere (Tier). Wenn dann die Zeit zum Ablaichen da ist, dann wählen sie einen Platz am Gestade, wo weder Winde noch Stürme sie beschädigen können und wo ihre Futterkräuter ringsum wachsen. Dann bewegt sich das Weibchen in gerader Linie nach vorwärts, bis es mit dem Ablaichen fertig ist und das Herannahen des Männchens merkt. Alsbald folgt das Männchen, d. h. der „milcher" nach, und ergießt seine Milch nach Maß und Ordnung über den Rogen. Wenn es dann das vorausschwimmende Weibchen erreicht hat, dann hört es auf, seine Milch zu ergießen. So entleert, bleiben sie einige Zeit lang geschwächt und suchen am gleichen Orte solange Ruhe, bis sie ihre Kräfte wieder gesammelt haben, wobei sie bisweilen von den ringsherum wachsenden Kräutern fressen. (Es folgt in A. nun noch einiges über Schwarmbildung, Bastardierung, Auswahl und Erkennung der Nahrung und über die Stummheit der Fische [nur in A.], was schon wegen der Unterbrechung der in P. fortlaufenden Ausführungen über die Fortpflanzung der Fische den Eindruck der späteren Einschiebung macht.) Von der Zeit an, wo sie ihren Samen ergießen, bis zu der, wo die Fischlein

zu leben anfangen, haben sie bisweilen viele und unterschiedliche Unfälle der Witterung auszuhalten. Denn wenn das Gelaiche vor dem Auskriechen öfters von Regengüssen, Stürmen und durch die Schiffahrt (und Fischerei in G.) zerrissen wird, dann geht es zugrunde und kommt nicht zur Entwicklung. Wenn ein Mensch dieses Gelaiche der Fische essen würde, dann würde es für ihn fast wie Gift sein. Deshalb muß man die Netze sorgsam auswaschen, damit es ihnen nicht anhaftet und so beim Fischfang herausgezogen wird. Nachdem nun die Fische ihr Gelaiche abgesetzt haben, dann werden sie hinfällig, weil sie sehr geschwächt sind, wie oben schon gesagt wurde; und dann haben sie nicht so gesundes Fleisch zur menschlichen Ernährung, wie zu anderer Zeit. Die Fischlein, die zu gleicher Zeit abgelaicht werden bleiben beieinander und, wenn sie erwachsen sind, legen sie in gleicher Weise (wie ihre Eltern) ihren Samen ab. Wenn einige derselben gefangen werden, dann suchen die Übriggebliebenen immer wieder ihre Altersgenossen auf. ...
So wie der Mensch seine Natur zerstört, wenn er sich dem Vieh zugesellt, so werden diese Tiere bisweilen auch in ein anderes Geschlecht übergeführt als das ihre ist, wenn sie sich wechselseitig verbinden. (Bastardierung!) Auch die Fische gehen bei der Ausstoßung ihres Samens aus ihrer Gattung in eine andere bisweilen über und erzeugen ein Geschlecht, das ihnen fremd ist, wie das beim Aal und bei einigen anderen Fischen festgestellt werden kann.
Diese Stelle, die wie bemerkt, in A. eingeschoben, in P. und G. nebst einigen anderen mystischen Sätzen dem Schluß des Prologs angehängt ist, weist deutlich auf das Kapitel über den Aal. (Unde anguilla fit? G. Kap. XXIX, s. S. 136.) Die Wolfenbüttler Handschrift stellt den von Hildegard als sagenhaft betonten Bericht deutlicher heraus. Es heißt danach: „Als einst die Wasserschlange in alten Zeiten ihre Eier ins Wasser legte, da sah sie der Hecht, bevor noch Aale waren und er vertrieb die Schlange von ihren Eiern und goß über sie seine Milch aus, blieb bei ihnen und bewachte sie. Und die Schlange fürchtete sich vor dem Hecht und wagte sich nicht näher an die Eier heranzukommen. Und so

entsteht (!) aus den Eiern der Wasserschlange und der Milch des Hechtes der Aal." Nun fahren P., G. und A. gleichlautend fort. „In der folgenden Zeit aber, wie in der Jetztzeit, entsteht der Aal auf eine andere Weise". Es wird nun ähnliches erzählt, wie vorher, nur ist jetzt nicht der Hecht sondern der Aal selbst der Vater der Jungen. Diese Sage wurde offenbar das ganze Mittelalter bis weit in die Neuzeit hinein geglaubt, und erst L e o n h a r d B a l d n e r (13) tritt ihr in seinem Vogel, Fisch- und Tierbuch 1666 energisch entgegen. Offenbar hat Hildegard etwas von Bastardbildung bei Fischen gewußt; doch konnte sie diese Erscheinung nicht anders als legendenhaft behandeln. Gleiches erfuhren wir über die medizinische Bedeutung der Fischnahrung zur Laichzeit. Hildegard ist auch hier wieder ganz ein Kind ihrer Zeit. Sie möchte die Unfruchtbarkeit der Menschen durch Kräuter heilen, welche die Fische fruchtbar machen (Similia similibus!) Daß Kräuter als Fischnahrung keine wesentliche Rolle spielen, war ihr natürlich noch unbekannt.

Die systematischen Kenntnisse der Hildegard über die Fische sind überraschend. Bis zu L e o n h a r d B a l d n e r (13) hat niemand die Fischfauna des Rheines und seiner Nebenflüsse so gründlich geschildert. An Hand der Namenaufsammlung von Süßwasserfischen im Merkbuch der Binnenfischerei von K u r t S m o l i a n (a. a. O.) kann ich nachweisen, daß Hildegard kaum eine wichtigere Fischart ihrer Heimat unbekannt war. Wenn sie Säugetiere, wie den Walfisch und das Meerschwein, Gliedertiere wie den Krebs, Weichtiere wie die Muscheln in ihr Fischbuch hereinbringt, so darf das nicht wundernehmen. Faßte man doch früher den Begriff Fisch viel weiter als heute. Noch B a l d n e r hat den Krebs, englisch crayfish, bei den Fischen behandelt! Bevor ich in die Beweisführung für die Deutung der Fischnamen bei Hildegard eintrete, führe ich in der Reihenfolge der Smolianschen Aufzählung die Namen auf:

1. Bersich (P., A. G.), berse (G.) P e r c a f l u v i a t i l i s L Barsch, Bersich
2. Rulheubt (P.), culhouit (G.) A c e r i n a c e r n u a L Kaulbarsch

3. Copprea (P.), coppera (G.) Cottus gobio L Koppe, Kaulkopf (siehe 2)
4. Stechela (P. A. G.), stegela (G.) Gasterosteus spc. L Stichling, Stachele
5. Alroppa (P. G.) Lotta vulgaris Cuv. Rutte, Aalruppe
6. Kolbo (P.), Scolno (G.), Scollus (A.) Pleuronectes flesus L, Flunder, Scholle
7. Anguilla (P. A. G.) Anguilla vulgaris L Aal
8. Salmo (P. A.), salma (G.) Salmo salar L Im Sommer: Salm
9. Lasz (P.), esox (A.), las (G.) Salmo salar L Im Winter: Lachs
10. Fornha (P. A.), forna (G.) Trutta fario L Bachforelle, Föhre
11. Ascha (P.), asch (P. G.) Thymallus vulgaris Nils. Aesche, Asch
12. Meichefisch (P.), mecheuich (G.) Alosa vulgaris Cuv. Maifisch
13. Carpo (P. A. G.) Cyprinus carpio L Karpfen, Karpe
14. Slyo (P.), slya (P. A.), slia (G.) Tinca vulgaris Cuv. Schleie, Slie
15. Gerundula (P.), grundula (P. G.) Gobio fluviatilis Cuv. Gründling, Grundel
16. Barbo (P.), silurus (A.) Barbus fluviatilis Ag. Barbe
17. Punbelen (P.), punbelun (G.) Phoxinus laevis Ag. Elritze, Bambeli$_1$
18. Elsua (P.), elsna (A. G.) Chondrostoma (oder Idus spec.) Nase (oder Aland)
Nase (oder Aland), beide heißen auch Eltze
19. Minewa (P.), monuwa (P.), munwa (G.) Squalius cephalus L Aitel, Döbel, Münne
20. Hasela (P.), hasila (G.) Leuciscus leuciscus L Hasel

[1] oder nach Geisenheyner der Querder, die Larvenform von Petromyzon Planeri Bl.

21. Rotega (P.), rotouga (G.) L e u c i s c u s r u t i l u s L Plötze, Rotauge
22. Breseno (P.), bresina (G.), bresma (P. A.) A b r a m i s b r a m a L Blei, Bressen
23. Blicka (P.), plika (G.) B l i c c a b j ö r k a C u v. Güster, Blicke
24. Crasso (P. A. G.) C o b i t i s b a r b a t u l a L Bartgrundel, Krasel
25. Steynbisza (P. A. G.) C o b i t i s t a e n i a L Steinbeisser$_2$
26. Welca (P. A.), welra (G.) S i l u r u s g l a n i s L Wels, Weller
27. Hecht (P.), lucius (A.), hechit (G.) E s o x l u c i u s L Hecht
28. Storo (P.), rombus (A.), sturo (G.) A c c i p e n s e r s t u r i o r u t h e n u s L Stör
29. Lampreda (P.), lamprida (G.) P e t r o m y z o n m a r i n u s L Meerneunauge, Lamprete

Als Meerfische sind noch aufzuzählen:

30. Huso (P. G.), echinus (A.) (heute: Echinus = Schiffshalter) A c c i p e n s e r H u s o L Hausen
31. A l l e c (P. A. G.) C l u p e a H a r e n g u s L Hering.

Die vorstehende Liste der Fische in Hildegards „Physica" ist nach den bisherigen Interpretationen der Namen bei R e u ß , K a i s e r usw. sowie nach der Namenaufsammlung bei S m o l i a n (a. a. O.) ausgearbeitet. L. G e i s e n h e y n e r (Kreuznach) hat sich nun sehr eingehend mit den Lokalnamen der Fische im Rhein-, Nahe- und Glangebiet beschäftigt, worüber er in den Sitzungsberichten des naturhistorischen Vereins der Rheinlande 1911 E S. 49 einen sehr dankenswerten Bericht erstattet. Er kommt darin vielfach zu anderen Deutungen für die Fischnamen der Hildegard. Man erkennt deutlich, daß in den verschiedenen deutschen Sprachgebieten derselbe Fischname nicht immer den gleichen Fisch bedeutet. G e i s e n h e y n e r möchte nun lieber für „crasso" (Nr. 24) den Gründling (G o b i o

[2] die Seltenheit des Steinbeißers im Rhein-Nahegebiet und die Bezeichnung „fere ut uermis" spricht für die Sandpricke (P e t r o m y z o n P l a n e r i B l), wie G e i s e n h e y n e r (3) begründet.

fluviatilis Cuv.) annehmen, da er in der Heimat der Hildegard heute noch im Volksmund Speckgrasse, auch Speckratz heißt. Monuwa könnte man auch auf das englische minnow (altenglisch mynwe) beziehen, was die Elritze (Nr. 17) bedeutet. Elsua (Nr. 18) wird ausschließlich der Nase zugesprochen, die an der oberen Nahe Eltz und im Glantale Eltze heißt. Blicka (Nr. 23) passe nach der angegebenen Nahrung („munda pascua") besser auf die Laube (Alburnus bipunctatus Bl). Ganz eigenes Verdienst Geisenheyners ist es, den 30. Süßwasserfisch der Hildegard „pfaffendumo (G.), pafindune (P.)" einwandfrei gedeutet zu haben. So wird nämlich von den Fischern heute noch der Bitterling (Rhodeus amarus Bl) genannt. Der Pfaffedaume hat noch eine Analogie, den Pfaffenlaus, wie man am oberen Rhein auch den Kaulbarsch nennt. Letzterer (Nr. 2) soll unter dem Namen „stachela" gemeint sein. In Wirklichkeit steht aber in den Handschriften der Name so, wie ich ihn in meiner Liste wiedergegeben habe. Sollte Geisenheyner Recht haben, so kommen wir zu einer Namensverschiebung, bei der schließlich die Glosse „coppera" (Nr. 3) ungedeutet bleibt. Hier stimmt aber alles auf die Koppe; sogar die Teilnahme des Männchens am Brutgeschäft ist erwähnt. Auf die Deutung des „steynbisza" (Nr. 28) als Petromyzon Planeri Bl, Steenbisser und der Punbelen (Nr. 17) als Jugendstadien von P. Planeri habe ich bereits in meiner Liste hingewiesen. Schließlich möchte Geisenheyner auch noch die „lampreda" (Nr. 29) auf Petromyzon fluviatilis L umdeuten, deren Lokalnamen Lampretscher sich also bis auf die heutige Zeit erhalten hätte. Überraschend erscheint es, daß unserem Autor das Kapitel 19 „De pisce conchas habente" in seiner Ausdeutung Schwierigkeiten macht. Daß hier nur an die Flußmuschel oder überhaupt an Muscheln gedacht werden kann, ist wohl nicht weiter zu begründen.

Die beiden Schmelzflosser, Huchen und Stör, werden in wenig charakteristischer Weise geschildert. Für den Huchen hat A. den lateinischen Namen Echinus, worunter wir heute den Schiffshalter verstehen. Als Grundfische sind richtig geschildert die

Koppe, der Blei, die Flunder, die Schleie, der Gründling, der Steinbeißer und der Aal. Bei der Bartgrundel „crasso" stimmen aber die biologischen Angaben nicht. Auch diese ist ein Grundbewohner. Von der Nase heißt es auch bei Hildegard, daß sie aus der Tiefe zur Oberfläche der Gewässer aufsteigt. Dieses Aufsteigen wird auch bei der Barbe, dem Blei und der Koppe geschildert. Die althochdeutschen Namen „se benachtet, se bechelt, sunne vachet" sollen uns sagen, was nach dem Aufsteigen geschieht. Von der Koppe wissen wir nun, daß sie in der Dämmerung ihre Verstecke verläßt, sie „benachtet" sich also, wenn sie aufsteigt. Ob die Barbe sich „sunne wacht", d. h. an der Oberfläche des Wassers sich sonnt, wird nach dem heutigen Wissen bestritten werden müssen. Von dem Blei wird in G. gesagt „sunnewacht" se, in P. steht se „bechelt". Beides sind also wohl variable mittelalterliche Ausdrücke für den gleichen Vorgang. Die Angaben Hildegards über die Ernährung der Fische müssen uns heute äußerst naiv erscheinen. Und doch ist dieses Wissen der modernen Naturwissenschaft, ehrlich gesagt, von gestern, denn erst neueste Forschungen haben gelehrt, daß das Herumstreifen und Nahrungsuchen an den Wasserpflanzen, das wir bei den Friedfischen beobachten, nicht den Pflanzen selbst gilt, sondern den daraufsitzenden tierischen Lebewesen. Das Mittelalter war durchweg der Meinung, daß Karpfen, Schleien und andere Teichfische mit den Wasserpflanzen vorlieb nehmen. Da aber gewöhnlich genügend Pflanzen im Teiche wachsen, dachte man niemals an Nahrungsmangel der Fische. Das Ergebnis der jahrhundertelangen Hungerkur in den Klosterteichen war dann die Entstehung minderwertiger Teichfische, wie wir sie z. B. in dem sogenannten Bauernkarpfen zur Genüge kennen. Selbstverständlich wußte man stets, daß Raubfische von anderen tierischen Wasserbewohnern leben, wie dies für den Hecht als Plünderer der Fischteiche bei Hildegard ausdrücklich betont wird. Sie wußte aber nicht, daß Salm, Forelle, Barsch usw. auch auf Fische Jagd machen. Übrigens erwähnt sie außer beim Hecht tierische Nahrung nur beim Aitel und bei dem „pfaffendumo" (Bitterling). Die Aufnahme der Kräuter soll nun weiterhin die Entstehung der Geschlechtsprodukte, des „rogim" und der „milch" bedingen. Oft wird sogar das dazu notwendige Kräutlein näher gekennzeichnet. Die „Elnsa" (Nase oder Aland) würde durch ein rotes „stechelechtes" (d. h. stacheliges) Kräutlein befruchtet, das am Ufer wächst. Das sind Erzählungen, die schon den Charakter der Tierfabel haben und denen man es deutlich anmerkt, daß sie Hildegard dem Fischervolk abgelauscht hat. Immerhin können jedoch auch biologische Beobachtungen hinter solchen Erzählungen stecken. Wenn Hildegard von der „copera", der Groppe berichtet, daß sie von gewissen Kräutern befruchtet wird, welche dem „catzenzagel", also dem Schachtelhalm gleichen, so denke ich hier an Armleuchtergewächste (Characeen), deren Sporenstände bekanntlich von den Süßwasserfischen gefressen werden.

Die Namenerklärungen bei R e u ß (8 d Seite 96) sind vielfach unhaltbar. Den Huchen (lasz) kann Hildegard nicht gekannt haben. Grundula ist falsch auf C o b i t i s b a r b u l a gedeutet. Punbelen kann nach der Beschreibung nicht gut der Schneider (L e u c i s c u s b i p u n c t a t u s L) sein.

Die Beschreibungen und biologischen Angaben über die Wassertiere möchte ich möglichst zusammenfassend behandeln. Hildegard ist hier nicht immer zuverlässig. Sie scheint früher einmal Gelerntes gelegentlich durcheinander zu werfen, so in dem Kapitel über Lachs und Salm. Bei der Behandlung des Walfisches entgeht ihr nicht die Verwandtschaft seiner Natur mit der gewisser Säugetiere, wie Löwe und Bär, doch glaubt sie noch an ein Laichen der Wale. Es entsteht aber bei diesem Laichvorgang, den man auch als eine unklar geschilderte Begattung auffassen kann, nur e i n Junges. Der Genuß des Walfleisches hilft gegen Geisteskrankheit und Gicht. Letztere, sowie Wechselfieber und Geschwüre werden mit einem Compositum aus Walhirn geheilt. Das Herz hilft gegen Herzleiden, die Leber gegen Magenleiden, die Lunge gegen Fieber und Gift, die Blase gegen Steinleiden und Drüsenschwellung, die Galle gegen Augenleiden, die Eingeweide gegen Leberleiden, die Augenbrauen gegen Gicht und daher kommende Sprachstörungen, die Galle gegen

Augentrübung. Auch die Haut soll Wunderkräfte haben. Wenn man eine Messerscheide aus Walhaut in der Hand hält oder sich einen Ring aus solcher Haut um den Leib legt oder Schuhe daraus trägt, kann man seinen Körper und seine Glieder von aller Krankheit freihalten. Ja sogar gegen die Viehpest (schelmo) hilft der Wal und zwar durch einen Wasserauszug des Knochenmehls. Trotz dieser ungemein vielseitigen Verwendung des Walkörpers für die Medizin ist es nicht klar, ob Hildegard die heute noch den Walen entzogenen Heilmittel den Lebertran, Walrat und Amber gekannt hat. Vom Meerschwein (P h o c a e n a c o m m u n i s L) wird übrigens über die Vermehrung ähnliches erzählt wie beim Wal, dabei aber wieder ausdrücklich berichtet, daß beim „Laichen" e i n Fisch entsteht. Verwendet wird Lunge und Leber gegen Gicht.

Es wäre interessant zu wissen, ob Hildegard für ihr Fischbuch, soweit es sich um die einheimischen Süßwasserfische handelt, auch Kenntnisse aus älterer Literatur verwertete.

Als Nahrungsmittel werden vorzüglich empfohlen der Hausen, der Stör, der Wels, der Lachs (im Gegensatz zum Salm, der schädlich sei), die Koppe, der Hecht, der Karpfen, die meisten Weißfische, der Flußbarsch, der Mayfisch, die Äsche, die Bartgrundel, die Blicke. Schädlich sind vorzüglich die Grundfische, wie die Schleie, der Gründling, der Steinbeißer, das Haupt des Kaulbarsches, der Aal, die Rutte und die Lamprete, weil sich diese Fische im Schlamm aufhalten und dort unreine Nahrung aufnehmen. Wir sehen hier ein deutliches Überwiegen scholastischer Theorie über volkstümliche Praxis. Auch die bekannte Ängstlichkeit der Hildegard tritt bei der gastronomischen Betrachtung der Fische wieder allzusehr in den Vordergrund. Warum sollen z. B. die Forellen schwächlichen Menschen nicht besonders zu empfehlen sein? Und warum taugt ein frisch gefangener Häring nicht zum Genuß? Eingesalzen, oder besser noch gebraten sei er freilich ungefährlich. Wenn man aber doch einen frischen Häring essen wolle, dann solle man ihn in Weinessig eine kleine Stunde lang beizen.

Medizinische Verwendungen der Fische, die ja im Fischbuch

nach der ganzen Anlage der Physica in erster Linie von dem Leser erwartet werden, finden sich nur bei einigen bekannteren Arten. Hausenblase heilt die Wassersucht. Die Leber des Stör beseitigt Blähungen, seine Galle Augenkrankheiten. Knochenpulver des Salms ist gut gegen Zahncaries. Vom Wels wird medizinisch fast das gleiche berichtet wie vom Stör. Karpfenköpfe dienen in einem Tränklein aus Wein, Essig und Honig gegen Fieber, der Blei gegen Magenkrankheiten, die Leber der Nase zur Herzstärkung, die Galle der Äsche gegen Gerstenkörner im Auge, ein gesalzener Hering gegen Kopfgrind, Scabies oder Lepra, der Krebs gegen Verdauungsstörungen und das Krebsschmalz gegen Pusteln an der Nase und im Gesicht. Auch der Aberglaube spielt bei der Verwendung der Fische eine große Rolle. Wie man durch Verbrennen der Leber des Wales die „aerei spiritus" vertreiben kann (von Hildegard wohl aus Tobias VI, 8 übernommenen, R e u ß), so kann man gleiches erreichen durch Verbrennen von Störknochen. Einen verdrießlichen Menschen kann man kurieren, wenn man ein Groppenauge in einen goldenen oder silbernen Ring einschmiedet. In G. (siehe Seite 151) wird ein Schlangenauge in gleicher Weise gegen Schlagfluß verwendet. Die Verwendung von Muschelschalen (siehe Kapitel 19) gegen Kräfteverfall beim Vieh hat ihr Gegenstück in meinem Benediktbeurer Rezeptarbruchstück, das für ähnliche Fälle pulverisierte Schneckenhäuser vorschreibt. Hier ist immerhin an die Kalkwirkung zu denken.

Wir kommen nun zum fünften (bzw. sechsten) B u c h der Hildegard, das v o n d e n V ö g e l n, besser gesagt von den fliegenden Tieren, handelt. Der Prolog dieses Buches hat im Laufe der Zeiten merkwürdige Schicksale erlitten. Er ist wie ich in meinen Anmerkungen zu G. (siehe Seite 136) erwiesen habe, frühzeitig von den Abschreibern in zwei Teile zerrissen worden, die als solche getrennt in späteren Handschriften erscheinen. Die „luftige" Natur der Menschenseele wird in Teil I mit den Vögeln verglichen, die durch die Federn in die Höhe getragen werden und sich überall in der Luft aufhalten. So wird auch die Seele, solange sie im Körper weilt, durch ihre Gedanken erho-

ben und schweift überall umher. Teil II stellt fest, daß die Vögel kältere Natur als die Bodentiere haben, weil sie nicht durch eine solche Hitze der Lust erzeugt würden (wie diese!). Auch hätten sie reinlicheres Fleisch, weil sie nicht nackt den Körper der Mutter verlassen, sondern mit der Schale bedeckt. Durch feurige Luft würden die hochfliegenden Vögel emporgetrieben, die tieffliegenden aber durch die Luft des Bodens und des Wassers niedergehalten. Vögel, die reich an Federn sind, seien wärmer als jene, die an Federn Mangel haben. Ihre „Luftnatur" läßt die Vögel die Luftströmungen fühlen und die Tageszeiten erkennen, wie man am Hahnenruf deutlich feststellen kann.
Die Feststellung der Namen der fliegenden Tiere macht keine besonderen Schwierigkeiten und ist bereits bei R e u ß (8 d), K a i s e r (4 a), W a s m a n n (12) und G e i s e n h e y n e r (3) durchgeführt. Ich führe hier nur die Liste der selteneren und schwerer zu deutenden Arten an:

1. G r i f f o (P.), grifo (G.), der Vogel Greif der antiken Sage (Aelian IV 27, Solinus XV 21)
2. H a g e l g a n s (P.), halegans (P.), halgans, hagilgans (G.) grandula (A.)
A n s e r s e g e t u m, A n s e r p a l u d o s u s[1], A n s e r a n s e r oder f a b á l i s Lath.
3. F a l c o, nach Geisenheyner F a l c o p e r e g r i n u s G. Wanderfalke
4. W e h o, nach Geisenheyner C é r c h n e ï s t i n n u n c u l u s Turmfalke
5. K r e w a et K r a h a nicht wie bei R e u ß : C o r v u s C o r o n e u n d C. f r u g i l e g u s Raben- und Saatkrähe, sondern C o r n i x spec. und M o n e d u l a, Rabenkrähe und Dohle
6. M u s a r (P.) muser(e) (G.) larus (A) = B u t e o Mäusebussard[1]
7. O r d u m e l (P. G.) B o t a u r u s s t e l l a r i s Rohrdommel
8. A l c r e i a (P. G.) M e r g u s spec. Sägerart
9. M e w a (P.), meve (G.) Geisenheyner vermutet die L a r u s r i d i b u n d u s Lachmöve

[1] Vergleiche A. H u b e r (25).

10. **Sisegoninus** (P.), sisegoume (G.) zusammengeworfen **Pelicanus** spec. und **Athene noctua**[1] Steinkauz
11. **Amsla** (G. P.) **Turdus merula** Amsel
12. **Merla** (P. G.) **Cinclus aquaticus** Bachamsel[1] oder **Turdus torquatus** Ringdrossel nach Reuß
13. **Wargkrengel** (P.), warfengel (G.) = „Würg engel" **Lanius rufus** oder **excubitor** Würgerart, rotrükkiger oder grauer Würger nach Reuß
14. **Beinstercza** (P.), beggesterz (G.) **Motacilla flava** Schafstelze
15. **Cungelm** (P.), cunicgelgen (G.) **Troglodytes trogi** Zaunkönig
16. **Widdervalo** (P.), vwide wale (G.) soll nach Reuß aus Plinius (XXX 28) entnommen sein und **Oriolus galbula** Pirol bedeuten
17. **Glimo** (P.), glumo (G.) **Lampyris noctiluca** Leuchtkäfer
18. **Meygelana** (P.), meiglana (G.) wohl **Meloe** spec. Maiwurm, der Käfer wird in G. ausdrücklich von dem Kraut Meigelana unterschieden
19. In G. findet sich noch **Bruchus**, wohl die Raupe des Kohlweißlings und als Randnotiz **Bombex**, Bombix spec. Seidenspinner?

Eigentümlich sind die in Hildegards Buch von den Vögeln vorgetragenen Ansichten über die Entstehung von Vogelarten durch Bastardierung. Schon im Kapitel über den Pfau lesen wir eine Tierfabel, daß dieser seine Abstammung aus der Vermischung bestimmter Kleintiere mit Lufttieren herleite. Auch sonst paare sich das Pfauenmännchen, das ausschweifende Sitten habe, bisweilen mit kleineren Tieren. Die Jungen gleichen dann ihrer Natur nach der Mutter, bisweilen aber in der Färbung der Federn und Haare dem Vater. Ähnliches wird über die Abstammung der Raben- oder Saatkrähe und Dohle berichtet. Diese ahmen die menschliche Stimme nach und gehören zum Rabengeschlecht. Denn im Anfang, bevor noch Krähe und Dohle waren,

---

[1] Vergleiche A. Huber (25).

sah die Elster die Eier des Raben, raubte sie, setzte sich auf sie und brütete. Und so gingen zum erstenmal Krähen und Dohlen hervor. Besonders gut ist die Biologie häufiger Vögel, wie des Hähers, des Sperlings, der Amsel, der Bachstelze usw. mit wenigen treffenden Strichen gezeichnet. „Der Häher fliegt nicht hoch und hat hündige Sitten. Er ist schmutzig und frißt eine Nahrung, die dem Menschen schädlich ist, auch ahmt er alles, was er sieht, in seiner Art nach und jeden Menschen, den er schätzt, grüßt er mit seinem Ruf. — Der Sperling ist kalt und ist sehr unbeständig in seinen Gewohnheiten wegen seiner Schlauheit und Verschlagenheit. Er fliegt gerne in Schwärmen, damit ihm größere Vögel nichts zu leide tun. — Die Amsel ist warm, trocken und gutartig. — Die Bachstelze kommt mit dem Sturmwind. Deshalb bewegt sie auch immer den Schwanz, so daß sie Wirbelwinde und Stürme gut vertragen kann. Desgleichen verweilt sie gerne am Wasser und holt ihre Nahrung aus dem Wasser." Ganz eigentümlich sind Hildegards Anschauungen über den Winteraufenthalt des Kuckucks. „Im Herbste fallen ihm die Federn aus. Dann trägt er sich Nahrungsvorrat in sein Nest, sammelt seine Federn darin und versteckt sich darunter. Wenn ihm dann mit Beginn des Sommers die Federn wieder wachsen, reinigt er das Nest von den alten Federn und verläßt es." Über die meist abergläubischen Verwendungen der Vögel möchte ich mich hier nicht weiter auslassen. Für die magischen Wirkungen, die auch von den Vögeln ausgehen, mag der Eisvogel ein Beispiel sein. „Wer sich in der Nähe seines Nestes aufhält, dem kann keine Schwäche ankommen, weil der Eisvogel nur solche Luft liebt, die frei ist von Unreinigkeiten."

Eine weitere magische Wirkung des Eisvogels findet sich nur in G. „Wer von den Knochen dieses Vögeleins zur Schlafenszeit etwas unter sein Haupt legt, den wird der Schreck (Alb?) im Schlafe bisweilen nicht schädigen. Er kann schlafen, auch wenn er früher nicht schlafen konnte. Denn die gute Natur und die Stärke der Knochen des Eisvogels hassen die bösen Geister und sie gehen ihnen aus dem Wege." (Vergl. Anm. Seite 141.) Auch über sympathetische Wirkungen des Herzens der Bach-

stelze weiß Hildegard etwas Neues. „Trockne ihr Herz und trage es immer bei dir. Wenn dich dann Leibschmerzen (uich) plagen, dann lege das Herz eine mäßige Stunde lang ins Wasser, trinke das Wasser und das Leibgriemen wird verschwinden."
A. H u b e r (25), der ohne Kenntnis von G. in seinem mystischen Tierbuch der Hl. Hildegard verschiedene Vogelnamen aus P. und A. richtig gestellt hat, erwähnt den s t o c k a r o (in G. stochare) der Hildegard als Spielart des Steinadlers und schreibt über s i s e g o n i n o (P.) sehr richtig, daß hier nur s i s e g o u m o stehen könne (s i s e g o u m e in G.). Es handle sich hier nur um den Totenvogel, das Käutzchen, dessen altdeutscher Name aus s i s u oder s i s o, die heidnische Totenklage und g o u n y a n, achtgeben, aufpassen, zusammengesetzt sei. Auch in einer von H u b e r benutzten Klagenfurter Handschrift sei bei dem s i s i g o u m eine Eule abgebildet. Hildegard war sich wie ihre Zeitgenossen noch nicht klar, was unter Pelikan sisigoume zu verstehen sei, dessen Name nur aus der Bibel bekannt war (Psalm 101, Vers 7: „Ich bin einem Pelikan in der Einöde gleich worden, bin gleich einer Nachteule [nycticorax] im Gemäuer"). Das Steinkäuzchen ist allerdings auch in dem Kapitel „De ulula" behandelt, hier offenbar nach eigener Kenntnis der Hildegard. In dem Kapitel „de sisegonino" sind dann die beiden genannten biblischen Vögel zusammengeworfen.
Das sechste (bzw. siebte) Buch der „Physica" handelt rundweg v o n d e n T i e r e n (de animalibus!), d. h. von den vierfüßigen Tieren und einigen Insekten. Merkwürdigerweise beginnt der Prolog in P. mit einem hier ganz unverständlichen Satze, der offenbar aus dem Prolog des Buches: de volatilibus herübergenommen ist. Dort erscheint er unter den Schlußsätzen in A. und G. Weiterhin folgen symbolische Beziehungen der Säugetiere zu den Menschen. Hier klingt der Sinn der germanischen Tierfabel deutlich durch. Einst verkehrte der Mensch mit den höheren Tieren wie mit seines Gleichen. Er trug menschliche Eigenschaften und Seelenkräfte in diese Tiere hinein. Offenbar hat der primitive Mensch vom Seelenleben der höheren Tiere mehr verstanden als der moderne. Wenn wir z. B. das Kapitel

über den Hund bei Hildegard lesen, fällt uns die neueste Forschung über das Seelenleben dieses dem Menschen vertrautesten Haustieres wie eine Reminiszenz früherer Wissenschaft ein. Bei Hildegard ist hier das ganze Wissen bereits in lapidaren Sätzen formuliert, wie wir im einzelnen noch sehen werden. Für den mittelalterlichen Menschen ist, wie uns der Prolog des Tierbuches sagt, z. B. der Löwe ein Symbol der menschlichen Tatkraft, der Panther und ihm ähnliche Tiere verkörpern den glühenden Wunsch, der schon den Beginn eines Werkes begleitet. Die übrigen wilden Tiere bedeuten „die Fülle der Ergießung und den Machtbereich des Menschen bei Ausübung nützlicher und schädlicher Werke. Die zahmen Tiere zeigen die Sanftmütigkeit der Menschen auf einer richtigen Lebensbahn an und so hat auch die menschliche Vernunft erfunden, daß ein Mensch zum anderen sagt: „Du bist dieses oder jenes Tier"[1], weil die Tiere etwas der Natur des Menschen ähnliches in sich haben. Aber die Tiere, welche andere verzehren und sich von verdorbenen Speisen nähren und die, welche mehrere Junge auf einmal zur Welt bringen, wie der Wolf, der Hund und das Schwein, sind wie die schädlichen Kräuter zum Genuß, so hier der ganzen Natur des Menschen zuwider, weil der Mensch solches (wie diese Tiere!) nicht tut. Die Tiere aber, die reinliche Nahrung, wie Heu und ähnliches fressen und nicht mehrere Junge auf einmal zur Welt bringen, sind dem Menschen tauglich zur Nahrung, wie die guten und nützlichen Kräuter."

Solche Gedanken kehren auch in den „Causae et Curae" der Hildegard wieder. Tiersymbolik ist auch in G. vom Kapitel VIII „Tigris" bis LIII „Spitzmaus" (siehe meine Anm. Seite 144 ff.) eingestreut. Beim Panther heißt es z. B. wieder ähnlich wie im Prolog: Panthera in desiderio anime est und dieser Satz kann nur in dem obigen Sinne verstanden werden. Andere Tiere, die eine feurige, angriffslustige Natur haben, wie der Tiger, das Pferd, der Steinbock haben ebenfalls den Zusatz in desiderio est beigeschrieben. Ich glaube, daß diese Beischriften authentisch sind, daß sie aber den Abschreibern vom 14. Jahrhundert an

[1] Seit Karl des Großen Zeiten beliebte scherzhafte Anrede!

unverständlich waren und deshalb weggelassen wurden. Die symbolische Beischrift „in uoluntate est" erkläre ich mit „gutwillig". Die Bezeichnung stimmt tatsächlich für den Esel, das Reh, den Hasen, aber für den Wolf, den Baummarder und das Wiesel würden wir sie heute sicher nicht wählen. Ganz rätselhaft ist die Beischrift „in perfectione est", die nicht anders als mit „vollendet" übersetzt werden kann. Dies Lob kommt dem Wisent, dem Rind, dem Schwein (!), dem Fuchs, dem Biber, dem Affen, dem Iltis und dem Hamster zu.
Die Deutung der Säugetiernamen macht wenig Schwierigkeiten. Solche entstehen erst, wenn wir G. heranziehen. Hier findet sich ein Kapitel über den H e l h o (siehe Anm. unter Helim) wo es heißt: Der Helho ist warm, von großer Stärke, kühn, nimmt nicht viel unreine Nahrung zu sich und sein Fleisch ist wegen seiner Stärke für die menschliche Ernährung wertlos. Weil der Helho so stark und kühn ist, nimmt das getrocknete Herz desselben durch seine Stärke demjenigen alle Frucht, der es auf sein eigenes Herz legt und es macht ihn kühn. [Wen der Teufel plagt, der nehme einen Gürtel aus dem Fell des Helho und einen aus Rehfell, und hefte die beiden mit vier ganz kleinen Stahlnägeln aneinander, so daß ein Nagel am Bauch, einer am Rücken und die beiden anderen an jeder Seite sich befinden. Bei jeder Nagelung muß der vom Teufel Verfolgte dann eine näher angegebene Benediction sprechen.[1]] Ich halte den Helho mit K a i s e r für den Elch (C e r v u s a l c e s.) Nur in G. findet sich auch der P a r d u s. Er ist warm, munter, schnellfüßig, tapfer und bevorzugt liebliche Berge, Täler, Blüten und Gräser, sowie ein angenehmes Klima (pulchritudinem aurarum). Er fürchtet den Löwen nicht, noch der Löwe ihn wegen seiner Munterkeit. Es wird ähnlich wie beim Helho wieder eine Verwendung des Pardusherzens angegeben, diesmal gegen Herzbeschwerden und ein Gegenzauber gegen den Spuck der Luftgeister, der dadurch bewirkt wird, daß man die Tatzen des Pardus bei sich trägt. Auch der L e o p a r d u s wird in G. eigens aufgezählt. Er ist warm,

[1] Aus C. K a i s e r Seite 194,₄ Contra fantasiam. K a i s e r gibt die Glossen helun, elahun, alces an.

tapfer und nichtsnutzig seiner Natur nach. Weil er eine Doppelnatur hat, fehlt es ihm an jeder einzelnen; deshalb ist weder sein Fleisch noch sein Fell für die Medizin brauchbar. Der Panther, „p a n t h e r a" der Hildegard, findet sich in A., P. und G. Er ist sehr warm seiner Natur nach, als wenn er eitlen Ruhm suchte, so als ob er alle Tiere in seinen Taten nachahmen würde usw.

Der Streit über die Unterscheidung des Pardus, Leopardus und Panthera ist aus der Antike übernommen und bestand bereits zu den Zeiten des A r i s t o t e l e s und P l i n i u s. Die Bemerkung bei Hildegard, daß der Panther bisweilen gut zu riechen scheine, weist direkt auf ältere Literatur hin, wohl auf T h e o p h r a s t u s cap. 5 und 26 Caus., von dem P l i n i u s VIII 13 die Fabel übernommen haben mag.

Zu den schwer zu deutenden Tieren gehört auch der „s w i n i g e l und der h u n t i g e l", die in G. in zwei gesonderten Kapiteln behandelt sind. G e i s e n h e y n e r (3 Seite 62) weist darauf hin, daß heute noch der Swinigel und der dem Hunde ähnliche ohne jeden erkennbaren Grund von den Landleuten unterschieden wird. Hildegard gibt ein Rezept, wie der Swinigel zubereitet werden soll, vor dem Genuß des Hundigels warnt sie. Der W a s s e r m a r t h ist nach unserem Autor identisch mit dem Nörz (M u s t e l a l u t r e o l a L). Die Liste der in Deutschland ausgestorbenen Tiere, auf der Luchs, Wisent und Zobel stehen, wird damit noch erweitert. Ein besonderes Verdienst hat sich G e i s e n h e y n e r durch die Deutung des bisher rätselhaften Tiernamens „lira" erworben. Das Tier, das wilder und tapferer als die vorher genannte Maus ist, kann nicht der Siebenschläfer sein, wie R e u ß (8a) annimmt, da M y o x u s g l i s im Hundsrück, also in der Heimat der Hildegard anscheinend nicht vorkommt. Es kommt nur die Leiermaus oder Gartenschläfer (M y o x u s n i t e l a) in Betracht. Nach G e i s e n h e y n e r wurde die „glis" in besonderen Glirarien zu kulinarischen Zwecken von den Römern gezüchtet. Glis ist aber der Siebenschläfer, dessen Name zweifellos im Hundsrückgebiet auf den Gartenschläfer übertragen wurde, da Siebenschläfer hier nicht vorkamen. In G. findet sich noch ein Cunegelen, von dem es heißt, daß es die richtige Lufttemperatur (!) habe, weil es gemäßigte und gesunde Wärme besitze, leichtherziger Natur sei und reinliche Nahrung aufnehme, außer wenn es der Hunger zu unreiner Nahrung hintreibt. Weder Herz, noch Fleisch, noch Leber eigne sich für die Medizin. Wenn aber ein Mensch vom Schlagfluß geschwächt ist, dann soll man das Fell des Tieres samt Haaren häufig als Kleidungsstück benutzen, so daß das Hautfleisch desselben (Menschen) öfters innen sich erwärmt. Aus dieser Stelle geht hervor, daß ein Haartier gemeint ist (L e p u s c u n i c u l u s). Rätselhaft ist die Deutung des Tierchens, welches „vach" genannt ist. Es sei warm und habe eine hitzige Natur. Auch wird hier lediglich das Fell, und zwar gegen Fieber und sonstige Körperschwäche empfohlen.

Schon May (5) hat in seiner großen Biographie der Hildegard den Wunsch ausgesprochen, daß einmal die Tierkunde der ersten deutschen Naturforscherin näher auf ihre eventuellen Beziehungen zu dem ältesten, christlich-mystischen Tierbuch, dem Physiologus geprüft werden möchten. Solche Beziehungen sind tatsächlich vorhanden und sie ergeben sich am deutlichsten aus dem ältesten Text, der Wolfenbüttler Handschrift.

Unter Benutzung von Friedrich Laucherts: Geschichte des Physiologus (Straßburg 1889) möchte ich meinen Nachweisen bei Hildegard einiges über die Verbreitung dieses merkwürdigen Buches in den mittelalterlichen Klöstern vorausschicken, wodurch ohne weiteres verständlich werden wird, daß Hildegard wenigstens durch mündliche Überlieferung die Physiologusfabeln übermittelt erhielt. Die heute noch existierende Auswahl dieser Erzählungen von existierenden oder fabelhaften Tieren mit angefügten mystischen oder moralischen Auslegungen tauchte erstmals im zweiten christlichen Jahrhundert in Alexandrien auf. Ihr großer Einfluß auf das mittelalterliche Kulturleben äußert sich auch in den Tiersymbolen, die wir heute noch an romanischen Kirchen, meist in Stein ausgehauen, sehen. In den Tierbüchern des Mittelalters haben sie sich aber wohl am zähesten fortgeerbt. Auch die Physiologusliteratur hat wieder ihre antiken Quellen, so griechische Schriftsteller vor Aristoteles, weiterhin die Tiergeschichten des Aelian und die Naturgeschichte des Plinius. Es ist bezeichnend, daß die überlegenen Kenntnisse des Aristoteles über die Tierwelt niemals das Eindringen neuer fabelhafter Berichte von Reisenden über die Tierwelt fremder Länder hindern konnten.

Wenn wir den Nachweis führen wollen, daß manche Stellen aus den Tierbüchern der Physica auf den Physiologus zurückgehen, so ist damit nicht gesagt, daß Hildegard den „Naturforscher" gekannt hat. Dazu ist er allzu oft in der patristischen Literatur in Zitaten und ungenannt in moralisierender Verwertung seines Textes herangezogen, so bei Justinus Martyr, Clemens von Alexandrien, Origenes, Epiphanius, Tertullian, Ambrosius, Hieronymus, Augustinus (nach Lauchert). Auch weltliche Schriftsteller, wie Cassiodor, benutzen ihn. Wahrscheinlich ist Hildegard durch die Kenntnis der Ethymologien des Isidor von Sevilla, der den Physiologus ausgiebig ausschöpft, indirekt mit dem letztgenannten Werk bekannt geworden. Darauf weist die Fabelerzählung vom Hirsch, die von Hildegard ausgesponnen ist und sich als Thema des Physiologus skizzenhaft bei Isidor lib. Ethym. XII 44 wieder findet, hin. Ohne Beweise dafür zu erbringen behauptet May, daß zwischen den Werken Hildegards und des großen spanischen Bischoffs Beziehungen bestünden. Das liegt sehr nahe, zumal auch der deutsche Abt Rhabanus Maurus die Ethymologien rundweg abgeschrieben hat. So gab es also zahlreiche Wege, wie Hildegard sich unterrichten konnte, allerdings, wie gesagt, immer auf dem Wege des mündlichen Unterrichts. Dafür spricht auch Ethym. XII 42, wo die Rede von den cuniculi, den Kaninchen ist, Hildegard hat das Wort cuniculus verdeutscht in „kunegelen". So findet es sich in Kapitel L des Tierbuches in G. Vielleicht konnte dieses Pelztier später nicht mehr gedeutet werden und fiel darum z. B. in P. weg. Die mittelalterlichen Mönche haben den Physiologus vielfach umgestaltet. So benutzte ihn Abt Aldhelm von Malmesbury († 709) für seine Rätsel und Beda (672—735) in rein religiösen Schriften. Schon die zahlreichen Abschriften des Physiologus im frühen Mittelalter (L a u c h e r t nennt Handschriften aus dem 9. bis 11. Jahrhundert) beweisen seine Beliebtheit in den Klöstern, ja im 11. Jahrhundert wurde er von einem gewissen T h e o b a l d sogar metrisch bearbeitet. Besonders in dieser Form hat er noch bis zum Ende des Mittelalters weiter bestanden. Es verbleibt noch die Aufgabe, die Tierkunde der Hildegard daraufhin durchzusuchen, ob sie so sichere Hinweise auf Physiologusstellen enthält, daß die bereits (Seite 12 ff.) erwähnten Beziehungen zu Plinius überwogen werden. Bei Plinius X 1, Aelian 37, 1 im Physiologus und bei Hildegard VI 2 finde ich die Erzählung über die Ausbrütung der Straußeneier durch die Sonnenwärme, nur im Physiologus diejenige über die Liebe der Turteltaube (H_1 VI 31) zur Einsamkeit. Bei Migne (1300) ist diese Stelle völlig verdorben, weshalb ich sie nach G. hier übersetze: „... und deshalb ist sie gerne allein, und hat immer etwas ernsthaftes und sucht daher auch nicht die Freude. Deshalb ist sie auch nicht vollsaftig." Unverkennbar auf den Physiologus als Quelle deutet die weitläufige Erzählung der Hildegard über den Fang des Einhorns. Nach der Ansicht der Alten war dies ein einhörniger indischer Esel, der nach Plinius VIII 21 kaum gefangen werden könne. Aelian (XVI, 26) berichtet noch, daß er zur Paarungszeit ganz sanft gegen das Weibchen sei. Daraus entsteht im „Naturforscher" die Erzählung, das Einhorn könne von den Jägern nicht bezwungen werden und lasse sich nur durch eine reine Jungfrau fangen (nach Lauchert Seite 23 ff.). Hildegard erweitert nun die Fabel. Aus dem „Naturforscher" wird ein Philosoph, der zu seinem Erstaunen keine Möglichkeit fand, das Einhorn zu fangen. Als er aber einmal Mädchen mit auf die Jagd nahm, da bemerkte er, daß sich das Einhorn in einiger Entfernung von diesen niedersetzte und sie eifrig anblickte. So konnte der Philosoph, sich von hinten an das Einhorn heranschleichend, es mit Hilfe der Mädchen fangen. Belustigend ist nun zum Schluß die Bemerkung der adelstolzen Äbtissin, daß nur Mädchen von vornehmer Abkunft, nicht etwa Bauernmädchen, für den Einhornfang in Betracht kämen; außerdem müßten sie jung, gut gewachsen und hübsch sein.

Auch in dem Kapitel XIII des Buches über das „Gewürm" in G. (siehe Seite 152) geht die Darstellung über die Art der Begattung bei der Viper ganz auf den Physiologus zurück, wo es heißt: Viperae haud perinde ac cetera animalia coëunt, sed masculus effundit, semen suum in os feminae. Die Häutung der Schlange (H_1 VIII, 2) scheint dem althochdeutschen Physiologus nacherzählt zu sein. (H u b e r.)

Allgemein verbreitet ist die Erzählung von der aufopfernden Liebe des Pelikan zu seinen Jungen, doch erscheint sie erstmals im Physiologus. Es wird hier erzählt, daß die heranwachsenden Jungen ihre Eltern ins Gesicht schlagen und diese schlagen sie wieder und töten sie dadurch. Am dritten Tage aber kommt die Mutter, öffnet ihre Seite und läßt ihr Blut auf die toten Jungen träufeln, wodurch sie wieder lebendig werden. Hildegard berichtet über den Sisegoume (der deutsche Name des Pelikan!) etwas anders: Wenn er seine Jungen aus dem Ei kommen sieht, dann glaubt er, es seien fremde und tötet sie. Wenn er dann sieht, daß sie sich nicht bewegen, wird er traurig, und reißt sich eine Wunde, so daß sie durch sein Blut wieder erweckt werden. (H_1, VI 37.)

Die Erzählung über die totgeborenen Jungen der Löwin, die durch das Gebrüll des Löwen erweckt, ist bei H_1 VII 3 fast ebenso wiedergegeben wie im Physiologus, wo sie erstmals auftritt; dagegen kann die Fabel über den Wohlgeruch des Panther, der alle Tiere besänftigt, bereits bei Aristoteles (IX, VI 2), bei Plinius (VIII 17) und Aelian (V 40) mit genügender Sicherheit nachgewiesen werden. Ferner finden sich die „drei" Höcker des Kamels bei P l i n i u s (VIII 26) und A r i s t o t e l e s (II 1, 5), die die Schwiele an der Brust ebenfalls als Höcker bezeichnen. Wie A. H u b e r (25) nachweist, bringt die auch bei Hildegard vorkommende Erzählung, daß die Bärin aus Ungeduld vorzeitig wirft, bereits O p p i a n (Cyneg. III, 150) und daß sie mit ihren Jungen in den Pranken flieht, Aristoteles (IX, 6, I). Daß der Hirsch sich nach Verschlingen von Schlangen purgiere und dadurch verjüngt werde, findet sich schon bei P l i n i u s (VIII 32) und S o l i n u s (XIX 15), auch bei I s i d o r u s und A e -

lian. Plinius (VIII 34) erwähnt auch bereits, daß der Wolf durch seinen Blick den Menschen schädige, daß das Wiesel sich durch Raute von Schlangenbissen heile (VIII, 41), ebenso Aristoteles (IX, IV 4) und Aelian (IV 14).
Das siebente (bzw. achte) Buch der „Physica" bringt wieder niedrige Tiere, es handelt „vom Gewürm". Wir fragen uns, ob hier Hildegards Arbeitsplan, ihre Subtilitates secundum creationem, das heißt nach dem Schöpfungsplan zu schreiben, eingehalten ist. Nach dem Prolog zu Buch VIII ist „das giftige und todbringende Gewürm" erst nach dem Sündenfall geschaffen worden, gewissermaßen infolge desselben. Die Behandlung dieser Tiere steht also im Sinne der Verfasserin mit Recht am Ende des ganzen Werkes. Das achte (bzw. neunte) Buch über die Metalle ist ein Anhängsel. Es gehört eigentlich zum ersten Buch; denn die Metalle sind nach Hildegard gleich bei der Trennung von Wasser und Erde am Anfang der Schöpfung entstanden. (Jessen 25.)
G. beginnt den Prolog erst mit dem Satze: „Als die Erde vom Blut des Abel getränkt und so verdorben war (Gen. IV, 2), da loderte alsbald ein neues Feuer, durch das der Menschenmord gezüchtigt werden sollte, in der Hölle empor, und bald breiteten sich auch nach Gottes Willen nebelartige Massen aus dem Inferno aufkochend über die Erde aus und durchdrangen sie mit so schlimmer Feuchtigkeit, so daß gewisse sehr schlechte, giftige und todbringende Tiere der gebärenden Erde sich an vielen Stellen entwanden, auf daß das Fleisch des Menschen gezüchtigt würde, weil ein Mensch Menschenfleisch getötet hatte. Und als nachher durch göttliche Rachetat in der Sintflut die Menschen zu Grunde gegangen waren (Luc. XVII, 27), da wurde auch das Gewürm, welches im Wasser nicht leben konnte, im Wasser erstickt. Da nun die Kadaver durch die Sintflut auf der ganzen Erde zerstreut waren und sie von Gift geschwollen faulten, da entstanden aus eben dieser Fäulnis wieder andere Würmer gleichen Geschlechtes und sie wurden so über die ganze Erde zerstreut.
Einige Würmer töten durch ihr Gift Mensch und Tier, andere

aber nur Menschen, weil das Gewürm, welches seiner Natur nach dem Teufelswerk einigermaßen gleicht, sowohl die übrigen Lebewesen wie den Menschen durch sein Gift tötet, dasjenige aber, welches kein Teufelswerk nachahmt und deshalb etwas schwächeres Gift enthält, den Menschen durch vielerlei Gift schwächt und in Todesgefahren bringt, aber die übrigen Lebewesen nicht töten kann."

G. ist in der Behandlung der einzelnen Kapitel des achten Buches sehr ausführlich und bringt viele Beiträge zur deutschen Tiermythologie. Ganz neu ist ein Kapitel über ein anderes Schlangengeschlecht. Dieses hat seine Anwendungen wohl erst nachträglich zugefügt erhalten. Wie nicht anders zu erwarten ist, finden wir hier eine Anzahl von Fabeltieren, die teilweise schon in der antiken Literatur genannt werden. Ich verzichte daher darauf auszudeuten, was in den Kapiteln: Draco, ein Schlangengeschlecht, ein anderes Schlangengeschlecht, Lindwurm Basiliscus gemeint sein mag. Feststellbar ist außer den allbekannten Tieren:

1. Moll (P.), mol (G.) Salamandra maculosa Feuersalamander
2. Vipera (P., G.) Vipera berus L Kreuzotter
3. Scorpio (P. G.) Scorpio europaeus bzw. Buthus occitans Feldscorpion
4. Darant (P. G.) Lycosa Tarentula Tarantel bzw. Tarantula Apuliae
5. Tyriaca (P. G.) nach Reuß Vipera Redii
6. Scherczbreda (P.), scerceuedere (G.) nach Reuß Emys europaea Teichschildkröte. Daß dieses Tier gemeint sein mag, dafür spricht G., wo es heißt: man nehme die ganze Scherzfeder mit der Schale
7. Ulwurm (P. G.) Lumbricus terrestris Regenwurm
8. Testudo in testa et absque testa. Wie Reuß richtig bemerkt, handelt es sich hier um Helix und Limax spec. Im Buch VI De Auibus, Migne 1309, Kapitel 64, heißt es nämlich: Deinde rubeam testudinem, quae absque

concha est, terat, d. h. man solle eine rote Wegschnecke (L i - m a x r u f u s) zerreiben.
Den Feuersalamander scheint Hildegard lebend gekannt zu haben. Sie hat sich offenbar von seiner geringen Gefährlichkeit überzeugt; denn sie schränkt, worauf G e i s e n h e y n e r aufmerksam machte, das Urteil des Altertums, daß der Feuersalamander das giftigste Geschöpf sei, sehr ein. Ein lebender „moll" schädige den Menschen nur wenig. Aber sein Gift sei todbringend, wenn es genossen würde.
Völlig rätselhaft ist bis heute das Kapitel: De Harumma (P.), hormune, horminne (G.) geblieben. Nach seiner Stellung zwischen Laubfrosch und Moll haben wir einen Lurch von schwach giftiger Natur anzunehmen. Das Glossar in G. gibt für horminne das lateinische Wort ramunculus an, das wohl ranunculus heißen soll, also Fröschlein. Da nun Hildegard alle Anurentypen bis auf die Unke erwähnt hat, ist dieses Fröschlein, daß bei B a l d - n e r (13 Seite 144) eine kleine Krott, ein „Mönel" (munel) genannt wird und „auch ein vergifftes Thier" sein soll, wohl nichts anderes als eine B o m b i n a t o r spec. Dieser Ansicht, die ich hier erstmalig ausspreche, steht auch keineswegs entgegen, daß ein „unck" von Hildegard in dem Kapitel De cervo genannt wird. Dieser „unck" der germanischen Tierfabel darf sicherlich nicht mit der harmlosen Unke in Zusammenhang gebracht werden.

DIE ÄLTESTE HANDSCHRIFT DER „PHYSICA" IN DER WOLFENBÜTTLER HANDSCHRIFTENSAMMLUNG AUS DEM 13. JAHRHUNDERT

Während wir heute von A l b e r t u s Tier- und Pflanzengeschichte einen von Fehlern gereinigten und auf das Original zurückgeführten Text besitzen, ist es bisher nicht versucht worden, das zweitwichtigste biologische Werk des hohen Mittelalters, die „Physika" der Hildegard in einer besseren Textausgabe, als wir sie bei Migne in der Patrologia haben, herauszugeben. Die Forderung nach einer solchen emendierten Neuausgabe ist besonders von E. W a s m a n n (12) gestellt worden. Es fragt sich nun vor allem, **k a n n d e r U r t e x t d e r e i n f a c h e n M e d i z i n d e r H i l d e g a r d w i e d e r h e r g e s t e l l t w e r d e n ?** Bei dem jetzigen Handschriftenbestand muß ich die Frage verneinen. Obwohl J e s s e n (25 Seite 98) der Ansicht ist, das die von ihm erstmals durchgesehene Wolfenbüttler Handschrift (G.) viel besser ist als die Pariser (P.), die Migne herausgegeben hat, muß ich nach genauer Prüfung beider Handschriften zu dem Schlusse kommen, daß wohl G. im allgemeinen weniger Schreibfehler hat als P., daß aber P. dem Urtext doch wesentlich näher steht als G. Ein strenges Urteil müßte sagen, daß G. und P. gleich schlecht sind und daß es nicht eher möglich sein wird, den Urtext der „Physica" herzustellen, als bis eine noch ältere Handschrift als G. gefunden wird. Jedenfalls zeigt G. schon deutlich die allmähliche Entwicklung eines neunten Buches der Physica, das bereits als liber de fluminibus, wenn auch noch mit dem liber de arboribus verbunden, nach dem Liber I de plantis eingeschoben ist. Hildegard hatte wohl im Urtext noch keine Überschriften der Bücher und auch keine Überschriften der Anwendungen der Simplicia, wie sie sich z. B. schon in G. finden. P. hat nur sehr wenige Excerptionen aus H_2, z. B. in dem Kapitel De semine Lini und in dem Kapitel De Hufflatta maiori. Ich habe bereits an anderer Stelle die Ansicht ausgesprochen, daß der Text des ersten Buches etwa mit Kapitel 188 De Sulphure ursprünglich abgeschlossen hat. Dieser würde dann bis zu diesem Kapitel in P. in ursprünglicher Fassung zu finden sein. Alle weiteren Kapitel des ersten Buches sind spätere Zusätze, vielleicht teilweis durch Hildegard selbst veranlaßt. Sämtliche Handschriften weichen in diesem Teil regellos von einander ab. Um den inneren Zusammenhang der von mir verglichenen Handschriften anzudeuten, wähle ich folgendes Schema:

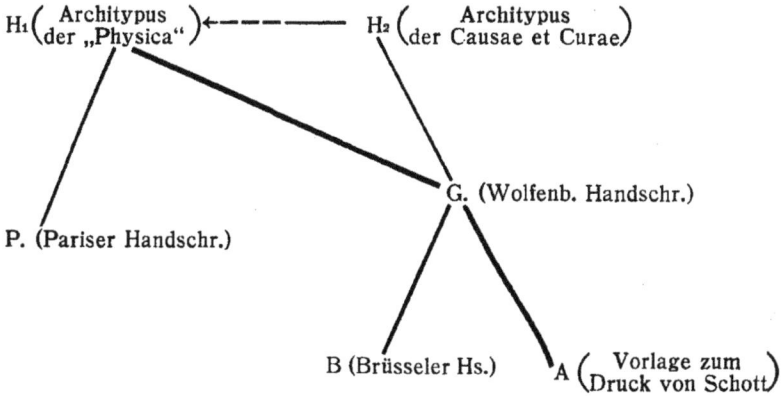

Da es zur Zeit nicht möglich ist, den Urtext der Physica herauszuschälen, verzichte ich auch darauf, die Wolfenbüttler Handschrift zu veröffentlichen. Auch B. wird den Urtext nicht bringen, da auch diese Papierhandschrift des 15. Jahrhunderts nach K a i s e r (4a Seite 6) eine Compilation aus der Simplex medicina und der Composita medicina ist. K a i s e r weist mit Recht darauf hin, daß die naturwissenschaftlich-medizinischen Schriften der Hildegard offenbar bereits im 13. Jahrhundert wenigstens in den Klöstern des Rheinlandes weit verbreitet waren und daß dort die Compilationen, wie sie G., B. und die Vorlage zu A. darstellen, entstanden sind. Der Schottsche Druck ist bis auf den Titel sicher ein unveränderter Abdruck einer Handschrift des 15. Jahrhunderts, was ich aus dem weitgehenden Gebrauch von H_2 und dem Ersatz der Hildegardschen deutschen Glossen durch lateinische des ausgehenden Mittelalters schließe. Mit K a i s e r kann ich aber J e s s e n (25) nicht recht geben, daß neben G. die Pariser Handschrift (P.) fast allen Wert verliere. G. kann zur Herstellung eines reinen Textes gute Dienste leisten. Auch bringt die Handschrift viele Erweiterungen des Hildegardschen Urtextes und zwar gerade solche, die naturwissenschaftlich interessant sind. Ich habe deshalb, sämtliche durch G. verbesserten Lesarten des „Physica"-textes und alle nicht in den übrigen Handschriften zu findenden

Zusätze in meinen Anmerkungen (siehe Seite 113) im Wortlaut niedergeschrieben. An dieser Stelle möchte ich nur auf die wichtigsten Vorzüge von G. hinweisen. 1. Die Kapitelverzeichnisse in P. sind durch Schreibfehler ungemein verstümmelt und können nach G. richtig gestellt werden. 2. Vielfach enthält G. noch deutsche Glossen, die sogar in P. durch lateinische ersetzt sind so z. B. I 11, I 193. 3. Manche Pflanzen und Tiere können erst durch G. festgestellt werden, so I 36 S y s e - m e r a = sisimbrium. Aus I 201 geht nun hervor, daß Balsamita (T a n a c e t u m b a l s a m i t a) und sisemera dasselbe ist (siehe Seite). Sysemera hat mit Symera III 591 dem Altweibersommer nichts zu tun. Ferner ist das Kapitel I 87, Pepones bei Migne fast vollständig verloren gegangen (Seite 1164 A—B) vergl. Seite 118. Aserum wird durch G. einwandfrei als G l e c h o m a h e d e r a c e a identifiziert. Die von mir bereits früher angenommene Erwähnung der Purgierwinde bei Hildegard bestätigt sich. I 172 findet sich in G. richtig scamonea (= C o n v o l v u l u s S c a m o n e a). Der Hausschwamm (Fungus qui in superliminari porte etc.) wird nur in G. behandelt. Es heißt dort (vergl. Anm. Seite 121): Der Pilz, welcher auf der oberen Türschwelle, die kein Dach hat, oder auf irgend einem anderen trockenen Holz unter Einwirkung der Sonne, des Regens und verschiedener trockener Luft wächst, ist trocken und wenn ein gesunder Mensch von richtiger Complexion ihn ißt, dann zerstört er seine wohl geordneten Säfte und schwächt so den Menschen, weil er durch verschiedenartige und nicht günstig zusammengesetzte Luftwirkung entstanden ist. Bei einem Menschen mit ungeordneten Säften, der entweder an Blutfluß oder Dissenterie leidet, bewirkt sein Genuß eine Zurückführung des zerstörten Säftezustands in die richtige Verfassung.

Buch II und III der bisher bekannten Physikadrucke sind in G. noch enger vereinigt und die bisher aus A. und dem Mignedruck bekannte Einleitung zum Baumbuch ist noch weitläufiger ausgeführt. Es heißt zunächst ähnlich wie in P., aber sinngemäßer: „Denn die cultivierten Bäume, welche fruchtbar sind und richtige Früchte tragen, sind wärmer als kalt. Die aber keine

richtigen Früchte hervorbringen, wie die Wildbäume, sind mehr kalt als warm." Dann folgt nur in G.: „Die Bäume nämlich und die Holzarten ergrünen aus ihrem Mark, wie auch der Mensch von seinem Mark zehrt, und wenn das Baummark verletzt wird, dann merkt der betreffende Baum den ihm zugefügten Schaden. Der Baum, an dem die Muscatnuß wächst, ist warm. Holz und Blätter dieses Baumes aber eignen sich wenig für die Medizin, weil seine ganze Kraft in der Frucht liegt (wie in A. III, 2). Der Baum, aus dem der Weihrauch schwitzt, ist warm. Der Mensch, der Scropheln an seinem Körper hat oder dessen Fleisch der Wurm zernagt, der nehme Rinde und Blätter dieses Baumes und stoße sie in einem Mörser, gebe dann Fett zu denselben und koche so in Wasser. In dieser Weise mache er daraus eine Salbe und schmiere damit die Stelle mit den Scropheln oder da, wo der Wurm nagt, häufig ein. — Der Balsambaum oder der Baum, aus dessen Ritzlein der Balsam tropft, ist warm und bedeutet die königliche Macht. Wenn aber ein Mensch durch schlechte Säfte im Kopf wirr wird, dann lege er von dem Holz dieses Baumes etwas auf seinen Scheitel und Nacken, bzw. auf die Stelle, wo Nacken und Hals sich treffen ... Wenn aber jemand vom gleichen Holze etwas in Wein oder Wasser legt und davon trinkt, dann werden die starken Kräfte desselben alle Säfte dieses Menschen durcheinanderbringen, und ins Gegenteil verkehren. So würde es jenen Menschen schädigen. Die Blätter aber von diesem Baume zu Saft verstoßen und Salben zugefügt, machen sie besser und stärker gegen verschiedene Schwächezustände. Wenn nämlich der Wurm das Fleisch eines Menschen zernagt, dann lege man die Blätter dieses Baumes auf die Stelle. Die Würmer werden sterben und der Mensch wird gesund (vergl. G. I 177 und A. III, 5).
Bereits an anderer Stelle habe ich auf Hildegards tierpsychologische Kenntnisse hingewiesen (siehe Seite 96). Der Text des Kapitels: „Über den Hund" im Tierbuch gibt uns ein tierpsychologisches Material, das wie ein Ergebnis modernster Forschung anmutet. Zur Herstellung der ursprünglichen Fassung leistet auch hier wieder G. die wertvollsten Dienste. Die Compila-

tion von P. und G. ergibt dann folgende Ausführungen: „Der Hund ist sehr warm und hat in seinem Wesen etwas von Natur aus Gemeinsames mit dem Menschen. So merkt er auf den Menschen und versteht ihn. Er liebt ihn, ist gerne mit ihm zusammen, ist treu und deshalb haßt der Teufel den Hund und verabscheut ihn wegen seiner Anhänglichkeit an den Menschen. Der Hund merkt dem Menschen die Regungen des Hasses, des Zornes und der Hinterlist an und knurrt ihn dann häufig an. Wenn er weiß, daß im Hause Haß und Zorn umgehen, dann knurrt und brummt er leise mit sich selbst. Wo immer ein Mensch hinterlistige Pläne schmiedet, da fletscht der Hund gegen ihn die Zähne, er „zanckelt", wie sehr auch jener Mensch den Hund lieben mag. Wenn aber ein Dieb im Hause ist oder jemand, der die Absicht zum Stehlen hat, dann brummt und „grimet" er gegen ihn, und benimmt sich ihm gegenüber anders wie gegen die übrigen Menschen, indem er an ihn heranschleicht, ihn beschnüffelt und ihn ansteckt. Auf diese Weise kann der Dieb festgestellt werden. Aber auch glückliche und unglückliche Zufälle und Ereignisse, die dem Menschen bevorstehen und bereits eintreten, merkt er voraus, (von hier ab ist P. sinnlos verstümmelt!) und kündigt sie durch seine Stimme an, indem er da, wo fröhliche Ereignisse bevorstehen, mit dem Schwanz wedelt, wo aber traurige eintreten werden, traurig heult.

DIE BEDEUTUNG DER NATURWISSENSCHAFTLICHEN UND MEDIZINISCHEN WERKE DER HILDEGARD FÜR IHRE ZEITGENOSSEN

Die Bedeutung Hildegards als Ärztin und Naturforscherin war für ihre Zeitgenossen eine ungleich größere als für die nachfolgenden Generationen. Die bekannten naturwissenschaftlichen Schriftsteller des hohen und späten Mittelalters, wie Albert der Große, die Enkyklopädisten, Petrus de Crescentiis, Konrad von Megenberg, die Verfasser der Kräuterbücher erwähnen sie mit keinem Worte. Nur eine Handschrift, die einst im Besitze von E. Meyer war und die sich jetzt im Besitze der Staatsbibliothek in Berlin befindet (Ms. fol. 817), enthält einen großen Teil des ersten Buches der „Physika", wie Jessen (25 Seite 112) entdeckt hat. Die auch von Meyer bereits in seiner Geschichte der Botanik Band III Seite 523 erwähnte Handschrift ist ein deutscher Herbarius, geschrieben 1456 „per manus Wilhelm Gralap Spirensis". Doch ist darin nirgends ein Verweis auf Hildegard selbst zu finden. Die Excerpte stimmen dem Umfange nach genau mit den Kapiteln in P. und nur selten in der weiteren Ausführung auch mit A.
Auch in einer Krankheits- und Heilmittelkunde aus dem XIV. Jahrhundert fand (nach Kaiser 4a Seite 24) Hoffmann in seinen Fundgruben I 317 Anklänge an Hildegards naturwissenschaftliche Schriften.
J. Schott, der erste Herausgeber der „Physica" zählt die Äbtissin von Bingen zu den „non spernendae auctoritatis medici". Schott hat in des Wortes vollster Bedeutung die naturwissenschaftlichen Werke der Hildegard wieder ausgegraben und sein Verdienst ist es, daß sich dieselben seit dem 16. Jahrhundert

wieder einer immer sich steigernden Wertschätzung erfreuten. Die Aufklärungszeit freilich konnte dem vielfach mystisch-magischen Inhalt dieser Schriften kein Verständnis entgegenbringen und so leistet sich die Epoche um 1800 gelegentlich Urteile über die erste Naturforscherin in Deutschland, wie ich sie aus S p r e n g e l s Geschichte der Botanik (32) zitiert habe.
Es ist klar, daß nur solche Menschen das Wissen und Wirken Hildegards voll würdigen konnten, die wie sie jene Naturverbundenheit, jenes Organ für Magie hatten, dessen Natur heute wieder E d g a r D a c q u é in seinen naturphilosophischen Werken nachgeht. Unter ihren Zeitgenossen genoß die große Seherin eine geradezu unglaubliche Autorität. Muß es nicht Wunder nehmen, daß selbst die höchsten kirchlichen und weltlichen Autoritäten auf ihre Worte lauschten. Man sage nicht, daß hier nur ihr theologischer und moralisch erzieherischer Wirkungskreis in Betracht käme. Auch der Ärztin und Naturforscherin haben die Zeitgenossen gehuldigt; denn wenn wir hören, daß der Ansturm der Heilung suchenden Kranken auf die Rupertusberger Klausur zeitweise solche Formen annahm, daß die kirchlichen Obrigkeiten zur Vermeidung der daraus entstandenen Mißstände eingreifen mußten, so gibt uns diese Mitteilung der Chronisten einen Begriff von dem Ruhm der frommen Ärztin, der in alle Lande gedrungen war. Wenn Hildegard von den Kämpfen um ihre hochgesteckten Ziele ermattet darniederlag oder in Verfolgung ihrer Missionstätigkeit fern vom Rupertusberger Kloster weilte, dann drangen nicht selten aus dem Kreise ihrer Töchter und ihrer Mitarbeiter bewegliche Klagen, aus denen wir entnehmen können, wie sehr auch die Lehrerin aller Geheimnisse der Natur von der wißbegierigen Schülerschar vermißt wurde. Tönen nicht Klänge aus jenen längst vergangenen Zeiten in unsere Tage hinüber und wecken Sehnsucht nach Hildegards visionärer Schau? Ruft nicht mahnend Hildegards Geist den Leser ihrer Werke, die unermüdlichen Ringer an den Grenzen menschlicher Erkenntniskraft, die Forscher, denen auch heute die Forschung heiliges Gebot ist: Mehr Seele, auch in der Wissenschaft?

ANMERKUNGEN

KRITISCHER VERGLEICH DER BEIDEN ÄLTESTEN HANDSCHRIFTEN DER PHYSIKA DER HL. HILDEGARD VON BINGEN

Die älteste Handschrift der Physika oder nach dem ursprünglichen Titel das Liber subtilitatum de diversis naturis der Hildegard von Bingen befindet sich als Kod. 3590 auf der Landesbibliothek zu Wolfenbüttel (56. 2. Aug. 4to Pergam. $18^{3}/_{4} \times 13$ cm, 199 Bll., 14. (?) Jahrhundert. Mit roten Überschriften und Initialen). Die Handschrift entstammt wohl dem frühen 13. Jahrhundert. Eine zweite Handschrift der Physika aus dem 15. Jahrhundert befindet sich auf der Nationalbibliothek zu Paris. Diese ist bei Migne, Cursus patrologiae latinae t. CXCVII p. 1125 abgedruckt. F.A. Reuß hat den Text dieser unter Nr. 6952 im Bibliothekskatalog eingereihten Handschrift kritisch bearbeitet und botanisch erklärt, nachdem C. Daremberg eine vergleichende Bearbeitung der Handschrift und des Druckes von Schott, Straßburg 1533 bereits vorher durchgeführt hatte. Wir können also den Druck bei Migne als eine auf das Original zurückgeführte Physika der Hildegard ansehen. Da nun Jessen (Abh. der Wiener Akademie XLV 1, 97 ff.) die übrigens von P. Kaiser (4a S. 6) bestrittene Behauptung aufstellt, daß die Wolfenbüttler Handschrift die vollständigere sei, so habe ich im Folgenden eine Vergleichung unter Heranziehung der von P. Kaiser bei Teubner 1912 herausgegebenen Causae et Curae der Hildegard durchgeführt.

Wesentliche Abweichungen des Textes der Wolfenbüttler Handschrift von dem Druck bei Migne
(I. Buch de herbis)
B 1 Prologus in beiden Handschriften bis auf einige Worte identisch

B 2 Incipiunt capitula
- c) 13 in G. richtig galgan
- c) 16 in G. richtig piper
- c) 24 in G. falsch spillium
- c) 26 in G. ausradiert cubebo[1]
- c) 28 (29) in G. richtig lungwrz
- c) 32 (33) in G. richtig andoren
- c) 33 (34) in G. richtig hircesswam
- c) 49 (50) in G. vielleicht richtiger cunnele statt humela
- c) 50 (51) in G. vielleicht richtiger wulues milch
- c) 51 (52) in G. dollwrz
- c) 52 (53) in G. brachwrz
- c) 58 (60) in G. sonnewerbele
- c) 59 (61) in G. hoppe
- c) 60 (62) in G. lylen statt lilim
- c) 61 (63) in G. salvia statt selba
- c) 68 (70) in G. keruele statt kirbela
- c) 69 (71) in G. bunghe statt pungo
- c) 70 (72) in G. karse statt crasso
- c) 72 (74) in G. richtig burzel
- c) 74 (76) in G. alia minza statt major minza
- c) 75 (77) in P. richtig minor minza statt major minza
- c) 78 (80) in G. richtig aschalouch
- c) 100 (102) in G. richtig menue statt minna
- c) 104 (106) in G. richtig gunderebe statt ganderebe
- c) 105 (107) in G. richtig stauewrz statt stawurtz
- c) 116 (119) in G. richtig merredich statt mirredich
- c) 117 (120) in G. richtig atich statt adich
- c) 125 (128) in G. bathenia statt battenia
- c) 126 (129) in P. sichterwurtz, in G. sidewrz
- c) 127 (132) in P. alba sichterwurtz, in G. alia sichwrz(!)
- c) 137 (140) in G. richtig lubestekil statt liebesstuckel
- c) 144 (147) in G. ebmerwrz, in P. byerverwurtz
- c) 150 (154) in G. richtig herba gich statt gechte
- c) 153 (157) in G. wluisgelegia

[1] von hier an eine Verschiebung der Kapitelnummern um 1.

ANMERKUNGEN

c) 154 (158) in G. sumez, in P. simesz
c) 155 (160) in G. merlane, in P. meglana
c) 159 in G. irrtümlich eingeschoben homo
c) 163 (167) in G. burchwrz, in P. bircwurtz
c) 166 in G. brema
c) 167 in G. herba in qua ertberen
c) 168 (170) in G. herba in qua waltberen, statt waltpeffir
c) 169 in G. fongi
c) 170 in G. sichworz
c) 171 (186) in G. aloe
c) 172 (187) in G. thus
c) 178 (193) in G. falsch biturum vaccarum statt butirum
c) 181 (196) in G. qui meram facere, in P. merada
c) 189 (177) in G. sturgras, in P. stritgras
c) 200 (178) in G. richtig stur statt stimir
c) 202 (180) in G. richtig gerla statt berla
c) 203 (181) in G. richtig pastinaca statt pasonata
c) 204 (182) in G. richtig borich statt berich
c) 208 (205) in G. richtig ficaria statt sitaria
c) 210 u. 211 in G. richtig hymmelsluzele
c) 212, 213, 214 in G. richtig herba aloen

Ergebnis der Vergleichung

Das bei M i g n e abgedruckte Kapitelverzeichnis geht offenbar auf eine ältere Handschrift zurück, als G., da vielfach althochdeutsche Pflanzennamen auftreten. Diese sind untermischt mit neuhochdeutschen Namen, die offenbar dem Druck von Schott entstammen. Der Druck (nach P.) scheint mit 225 Kapiteln die reichste Fassung zu sein. Im allgemeinen ist G. fehlerfreier als M i g n e. A. ist durch Ausschreiben von H_2 viel stärker bereichert als G.
Capitel I. T r i t i c u m. Sed qui „dunst" i. similaginem, ab eadem farina excudit. Kürzere Fassung dem Sinne nach: Wer aus Weizenbrotmehl Brot macht, der erhält ein weniger bekömm-

liches Brot, als wenn er es aus dem gewöhnlichen Weizenmehl gemacht hätte. Ein Kapitelbruchstück über den Hafer (siehe Kap. III) ist sinnlos in G. eingeschoben, im übrigen sind die Excerptionen aus den Causae et Curae ebenso beigefügt, wie in P.
Capitel VI. P i s a. Die Causae et Curae Lib III. De capitis dolore ex flegmate sind in G. in Hinsicht auf die Verwendung der Erbse völlig ausgeschrieben, in P. nur teilweise. Doch fragt es sich, ob die paraphrasierende Stelle in H_2 authentisch ist.
Capitel IX. H i r s(e). In G. erweitert! Sed et qui pulmone dolet milium super ignito lapide calefactum puluerizet et huic bis tantum de puluere scolopendriae addat. In P. Capitel CXCIII. De Milio findet sich der gleiche Satz.
Capitel X. F e n i c h: In G. ohne Zusammenhang erweitert. Et acerbitas zizanie illa ulcera minuit et feditas lardi feditatem illam aufert et calor eius sanat.
Capitel XI. H a n e f: In G. erweitert. Da hier das deutsche Wort „quek" für fortis auftritt, scheint in G. die ursprüngliche Fassung vorzuliegen.
Capitel XIII. G a l g a n. In G. fehlt die ganze Stelle aus den Causae et Curae, die in P. beigeschrieben ist. Am Ende der Handschrift p. 170b, 171 und 171b ist sie aber angehängt.
Capitel XIV. Z i d w a r. In P. „melch", in G. „wellich".
Capitel XVII. K o m e l: In G. aus H_2 um einen Satz erweitert. (Siehe H_2 IV bei Kaiser S. 200, 5).
Capitel XIX. B e r t r a m: In G. um einen Satz erweitert.
Capitel XXI. N u x m u s c a t a. In G. 1. ein Kapitel: De arbore cinnamomi wie in A. eingeschoben 2. ein Kapitel: De arbore nucis muscatae wie in A. 3. ein Kapitel: homo qui multo et immoderato riso mouetur... aus H_2: De risu immoderato (Kaiser S. 199, 8).
Capitel XXII. R o s a: In G. ein Kapitel wie in A. eingeschoben: Contra iracundos, zwischen die Sätze: quod frigus rose utilis est und: nam frigiditas rose cum calore et siccitate saluie.... Diese paraphrasierenden Sätze scheinen später Zutaten zu sein.
Capitel XXIII. L y l i u m. In P. „quedick", in G. „quendehith".
Capitel XXIV. S p i c a. In G. mit einer Schreiberparaphrase.

ANMERKUNGEN

Der nicht im Kapitelverzeichnis angeführte Absatz „Kubebe" folgt nun, ohne den Zusatz der A.
Capitel XXVI. G a r i o f i l e s. In G. mit einer Schlußparaphrase.
Capitel XXVIII. L u n c w u r z. In G. ein Kapitel aus H_2: De pulmonis dolore eingeschoben. (Kaiser S. 175, 13).
Capitel XXIX. H i r z e s z u n g a. In G. zwei paraphrasierende Sätze eingeschoben.
Capitel XXXI. A n d o r n. In G. ein paraphrasierender Satz eingeschoben.
Capitel XXXII. F e n u g r a e c u m. In G. bedeutend erweitert. 1. Ad dolorem capitis: letzter Satz aus Capitel XXXIII, 2. contra malos humores in iecore: Fenugraecum zusammen mit Thymus. Fenugraecum wird hier auch als herzstärkend angegeben. Beide Rezepte sind wohl spätere Zusätze.
Capitel XXXVI. S y s e m e r a (von älterer Hand mit „sisimbrium" glossiert). Es handelt sich hier nicht wie in III 59 um den „Altweibersommer". In G. steht unter Kapitel CCI Balsamite sisemera idem est, wie auch die Gleichheit der Rezepte in beiden Kapiteln beweist.
Capitel XXXVII. P f e f f e r c r u t. In G. ein ganzer Absatz aus dem nächsten Kapitel über den Schirling eingeschoben. Dieser Absatz fehlt aber P. und A.
Capitel XXXIX. G a n p h o r a. In G. am Ende ein paraphr. Satz.
Capitel XL. A m p h o r a. In G. am Ende drei paraphr. Sätze, von denen einer in A. sich findet.
Capitel XLI. H u s w r z. In G. am Ende des Kapitels: Contra seminis defectum ein paraphr. Satz.
Capitel XLV. H e l h o b e t h. In G. wird am Ende angegeben, daß die Kräfte der Herbstzeitlose dem Menschen ebenso nutzlos sind wie dem Vieh. Letzteres stirbt nach Hildegard nicht an dem Gift der Zeitlose, wird aber dadurch träge und verdorben.
Capitel XLVI. F a r n. In G. ist die Verwendung contra venenum idest „vergibnisse" und die gegen Vergeßlichkeit: Si quis homo immemor ac inscius i. e. „uergeszen is" ... intelligibilis erit, qui prius „unuerständig is" in richtigem Wortlaut angegeben.

Capitel XLIX. Cunnela. Von späterer Hand glossiert mit serpillum „veltconele".
Capitel L. Wwoluesmilch. In G. ein paraphr. Satz am Ende.
Capitel LI. Dolo. Paraphr. am Ende.
Capitel LV. Uwinda, glossiert mit volubilis maior, corrigiola maior. In P. „mische", in G. „knit".
Capitel LX. Lylen. In P. „virdumet", in G. „verknuset".
Capitel LXIX. Bunge (glossiert iposellina). Et etiam comesta uich (statt gicht in P.) compescit.
Capitel LXXIV. Alia minza. Contra suriones. Bereits Jessen (26 Seite 110) weist darauf hin, daß durch den erweiterten Text in G. die Krätzmilben „suriones" zum erstenmal in deutscher Sprache genannt und als Tiere „vermiculi" erkannt sind.
Capitel LXXV. Minor minza. In P. „gicht", in G. besser „uich".
Capitel LXXXII. Kole inde wedenkole et rothcole. P. hat fälschlich „Kochkole".
Capitel LXXXIII. Wizgras et slizgras et romeche gras. In P. „melda et latichen", in G. „medela i. lachdum".
Capitel LXXXVII. Pepones. Im Kapitelverzeichnis des Mignedruckes folgen die Gurken „pedema" als Kapitel 88 hinter Kapitel 87 „stutgras". Im Text fehlt aber das Kapitel an dieser Stelle. In G.: Pepones humidae ac frigide sunt ac de humiditate terrae crescunt et amaritudinem humorum in hominibus mouent et infirmis ad manducandum non valent. Da das Kapitel auch in A. sich findet, ist bei Migne (auf Grund von P.) das Kapitel „kurbesa" unter Auslassung des Schlußsatzes „atque malos humores in hominibus non augent" mit dem Kapitel „pedema" unter Auslassung der fünf ersten Worte dieses Kapitels vereinigt, so daß der Sinn vollständig verloren geht. Es werden nämlich die Kürbise zum Genuß empfohlen, die Gurken aber wegen ihrer Feuchtigkeit den Kranken widerraten.
Capitel LXXXIX. Laticha domestica. Der letzte Satz des vorausgehenden Kapitel 88 gehört an das Ende dieses Kapitels. In G. ist das Kapitel „agrestes lactucae" hier angefügt.
Capitel XC. Uwilde latiche. G. sagt im Schlußsatz:

ANMERKUNGEN

Et quamvis pauperes homines eandem herbam comedant inutilis tamen ad comedendum quia venenosa est et infirmos humores in homine parat et stomachum grauat. Dieser Satz gehört aber zum nächsten Kapitel XCI S e n e f h e r b a.
Capitel XC (92). S e n a p e : In G. heißt es richtig: „sed semen eijus alios cibos „gesmachan" (= wohlschmeckend) facit.
Capitel XCI (94). P a p a u e r. In G. ac efferuentes pediculos et lendes compescunt, et in aqua „geswellit".
Capitel XCII (95) B a b b e l a. In G. die erweiterte Fassung der A.
Capitel XCVI (99) W w e g e r i c h. In G. richtig: Sed et radicem eius igne assa, et ita calidam super glandes, id est druse, pone.
Capitel XCVIII (101). V i o l a. G. folgt zunächst P. und dann mit dem Satze: „Et homo qui igneos oculos habet" der A.
Capitel C (103). G u n d e r e b e. In G. richtig „ac quasdam vires pigmentorum habet". Diese Fassung findet sich auch bei Migne Seite 1206 im Kapitel 212 De asaro. Daraus geht hervor, daß die bei Migne angefügten Kapitel ab 210 wohl spätere Nachträge und Textumarbeitungen sind, ferner, daß mit Asarum bei Hildegard nur Glechoma hederacea gemeint sein kann, das auch sonst in Glossen häufig aserum heißt. Um also eine richtige Textfassung über „gundereba" zu bekommen, muß man Kapitel 105 und Kapitel 212 lesen. Es heißt dann auch weiterhin nach G. richtig: ita quod homo qui languet et cui caro defecit, cum ea in calefacta aqua balneet et eam in „muse" aut in „suffene" aut cum carnibus aut cum „cugulen" coctam sepe comedat et iuvabit eum, et si quis laxiuam cum ea facit et caput suum cum ea frequenter lauat multas infirmitates de capite sua fugat et prohibet ne infirmetur.
Capitel CVII. R e i n e f a n e. In G. heißt es wohl richtig: „Deinde sumat rebarbere et ad eorum tertiam partem millefolii et rutam quasi tertiam partem millefolii et tantum de aristologia longa ut rebarbere etc." Damit ist die Glosse „rifelbere" in P. und in H_2 IV. Buch „de menstrui retentione" zweifelhaft geworden.
Capitel CVIII. D o s t. In G. richtig „furfures tritici(!)".

Capitel CXIV. S w e r t e l e. In G. „hollechte" statt „bulecht" in P.
Capitel CXXII. P o l e i a. 15 Kräuter werden aufgezählt, die die gleiche Kraft wie die Poleiminze besitzen, darunter in G. fiberwrz, garwa, stauewrz, stemaru = steinuarn. In G. „ursinnich" statt „virseret" in P.
Capitel CXXIII. B e o n i a. In G. „p a p p i n" statt „habim" in P.
Capitel CXXV. S i d e w r z. In G. von späterer Hand mit vitis alba, brionia glossiert. Im Text „sichwurz".
Capitel CXXVI. A l i a q u o q u e s i c h w r z. Im Text „alba sichwrz".
Capitel CXXVII. B a s i l i a. Fehlt in P., darum aus A. übernommen und bei Migne Seite 1210 das letzte Kapitel. In G. heißt es: Basilia plus calida est quam frigida, „ridden" statt tertiana et quartana.
Capitel CXXX. S p r i n c w r z. In G. fehlen alle deutschen Glossen.
Capitel CXXXXI (131). F r i d e l e s o u g e. In G. von späterer Hand beigeschrieben „flos agrestis, vel oculus porci, oculus consulis".
Capitel CXXXXII (132). B e r w r z. In G. beigeschrieben „harstrang, peucedanum".
Capitel CXLIII (134). U g e r a. In G. Sed et si magni „ruue et uzgedozzen, idem seir" in homine sunt quoniam sibi contraria semper operatur, ita quod bene composita dissipat et quod dissipata componit, et hoc praedicto modo infirmus cum ad sanitatem redierit eo amplius non utatur ne denuo deterius cadat. et siquis scrophulas in corpore suo habet nondum fractas eundem fungum in pulverem redigat et tum eius tertiam partem de puluere „razale" addat et pulueres istos aut cum pane aut in ovo aut cum potu sepe sumat, et praui et fetidi et coadunati (?) humores euanescunt, quia frigiditas eiusdem fungi cum repentione calore „razele" temperata praedictos malos humores ut supra ostentatum est minuit. Si autem scrophule fracte sunt puluis eiusdem fungi sufficienter imittatur, et virtute sua prauos humores fugat et ulcera sanat.

ANMERKUNGEN

Capitel CXXXX. C o n s o l i d a. In G. wohl richtig „uase" statt „vacht" in P. und „litoris" statt „licus". (In profunditate litoris consedit.)
Capitel CXLI. E b m e r w r z. Der Text folgt hier der A.
Capitel CXLIX. H e r b a q u e d i c i t u r g i c h t. (Agrostemma oder Nigella.)
Capitel CLX. I s e n a. In G. aus H_2 der Absatz über „gelewesucht" (Icterus). Es heißt in G. richtig „frigus autem verbene et frigus saxifrage. Dagegen ist der Anfang in G. verstümmelt.
Capitel CLXIII. S i m e z (d. h. wohl Iuncus spec.)
Capitel CLXVI. S t o r k e n s n a b e l. In G. ein Kapitel aus H_2 (Contra venenum). Von dem Schreiber der G. als eigenes Kapitel CLXVII aufgeführt „homo" (!). Zusatz am Ende in G. et sic per annum durare possunt.
Capitel CLXVI (!). B u r c w u r z (daneben von späterer Hand sanguinaria).
Capitel CLXXI. H e r b a i n q u a w a l t b e r e n n a s c u n t u r quae etiam ertbere (falsch statt heydelbere) dicuntur.
Capitel CLXXII. F u n g i. In G. richtig scamonea ,statt stramonia in P. Auch im weiteren ist P. verstümmelt. Es muß nach G. heißen „Nam puluis isti fungi scamoneam et sprincwrz temperat". Der paraphrasierende Satz zum Fungus in piro steht in G. hinter dem Fungus in aspa! Es heißt weiter in G. „Fungus ille qui in concursione cervorum nascitur frigidus et durus est ac nociuus est homini ac pecori ad comedendum, quos (!) nulla infirmitas laedit quoniam has vires in se habet quod sanum hominem et sanum pecus interius ulcerat, cum (nullas P.) infirmitates in eis invenit... Nam hyrzswam quedam coagulatio est de frigiditate orta. et bonos humores in se habet. Sed frigus eius et calidis et frigidis bene institutis humoribus nocivum est, quoniam sani sunt. Sed tamen boni humores eius dissolvunt ebulliente humore et congestum livorem et congestum venenum ubi uenenosum et periculosum ulcus in homine nascitur. et frigus ipsius idem periculum destruit. Sed et praegnantem mulierem..... (siehe Migne Seite 1145). Fungus qui in superliminari porte sine tecto manente aut super aliud aridum lignum de calore solis et

de pluvia et de diuersa aura absque humore crescit, frigidus est et siquis homo qui sanus corpore est et cuius complexio bene ordinata et bene composita in sanitate est eum comedit humores qui in eo bene quieti sunt destruit et sic hominem infirmum facit quia de diuersa et non bene composita aura natus est. Sed homo in quo humores dissipati sunt, ita quod aut fluxum sanguinis aut dissenterian habet eum comeda(t) et destituitos humores in eo ad rectam institutionem reducit.

Capitel CLXXIII. S i c h w u r z. Contra ardentes febres: plus frigida est quam calida. Homo autem qui ardentes febres habet, i. e. „fiber brenende" vichwurz accipiat et bis tantum de basilia et hos in puro uino coquat et tunc infrigidari permittat... Das Kapitel kehrt überall unter „Ficaria" wieder.

Capitel CLXXIV. A l o e. Das Kapitel ist in A. und P. verstümmelt, d. h. die Zusätze aus H_2 fehlen. In G. steht: Sucus illius herbe calidus est et magnas virtutes habet. homo qui emigraneam patitur aloe et bis tantum mirre accipiat et in minutissimum puluerem redigat (usw. siehe Kaiser H_2, Seite 166). „beneduch" ex (!) canabo = canabineum pannum, wie es im letzten Satz von G. heißt.

Capitel CLXXV. T h u s. In dem paraphr. Zusatz in G. lesen wir „rosseminze", nachdem im Text der Hildegard deutlich romeche minze steht. Die schnelle Wortänderung spricht für einen Zusatz von anderer Hand.

Capitel CLXXVI. M y r r a calida est et arida. et homo qui de stomacho de malis et noxiis humoribus dolet myrram accipiat et bis tantum aloe et herbe que quinque folium dicitur tantum ut istorum duorum est, et ex his cum cruda et nova cera emplastrum faciat, et hoc panno de canabo facto imponat et sic supra stomachum suum liget et hoc sepe faciat et sanabitur... sed quoque vana fugat et dyabolus eam abhorret, quia natura eius incorruptibilis et indeficiens est. Dieses Rezept in G. findet sich wieder in H_2 (vergl. P. Kaiser Seite 217) als Rezept „contra vermem" (!). Es folgt dann in G. noch ein Rezeptbruchstück aus H_2 (a. a. O. Seite 217) „de calibe". „Et si reumatis fervor de naribus boum fluit...". Zum Schluß des Kapitels heißt es in G. „Arbor

ex qua mirra sudat calida est. et homo qui ‚gelewesucht' habet uel qui guttam paralisis patitur corticem eiusdem arboris in vinum seu in aquam ponat et liberabitur.
Capitel CLXXVII. B a l s a m u m. In G. „Sed abor ex cuius ramulis balsamum sudat arida est. Sed ut balsamum mortua corpora aliquantulum diu tenet ne putrescant, ita etiam balsamum timendum liquamen est omnibus naturis ut recte ab eo temperentur alioquin facile ab eo dissipabuntur".
Capitel CLXXVIII. Mel autem quem apes parant ualde calidus est.
Capitel CLXXXIV. Q u e l i b e t o u a. In G. richtig „deick", in P. „seick".
Capitel CC. W i s e l a. Hier sind auch die „wikke" und „semen lini" behandelt, wobei mehrfach auf ein vorausgehendes Kapitel über den Lein verwiesen wird.
Capitel CCVII. B o r i t h. In G. Hoc et omnia alia de borith et de boberella similia sunt. Verweis auf Kapitel 56, wo tatsächlich ähnliches über die boberella steht. In A. und P. ist das Kapitel borith offenbar verstümmelt und aus dem Kapitel boberella wieder herzustellen.
Capitel CCVIII, CCIX, CCX sind auch in der Vorlage zu G. enthalten gewesen, worauf der Schreiber von G. hinweist. Daraus ergibt sich, daß schon im ersten Jahrhundert nach Abfassung der Physika, Nachträge von anderer Hand gemacht wurden unter Wiederholung früherer Kapitel und unter Voransetzung der lateinischen Namen der betreffenden Pflanzen. Es scheint, daß die Urschrift mit nicht pflanzlichen Simplizien, also etwa mit Sulfur abschloß.
Capitel CCXIV. W e i t h. In der Paraphrase heißt es: „Quoniam ceruus seu yrcus aduersis pascuis pascua quaerit, sepum eius praedictis temperamentis aditum paralisim in homine cito dissipa(n)t(ur), aut deus eum curare non vult.
Capitel ?. H e r b a a l o e n schließt in G. das Buch über die Kräuter ab. Bei Migne sind nach A. und P. noch 14 Kapitel eingeschoben und 6 Kapitel folgen.
Herba aloen, wohl ein späterer Nachtrag, ist in A. und P. verstümmelt, worauf bereits bei Migne Seite 1209 hingewiesen ist.

In G. heißt es wohl richtig: „Homo autem qui gravia ulcera habet, idem scabiem in corpore, herbam istam accipiat et ei alias bonas herbas et condimenta(s) addat et calore et fortitudine putredinem eius et dolorem aufert. Nam si aliis herbis et condimentis non condiretur eadem ulcera fortitudine sua perforaret, nec ea sanaret si desuper poneretur. Sed si quis lepram in se habet eandem herbam aliis herbis bonis et pigmentis condiat et calore et fortitudine sua putredinem eiusdem lepre minuit. — Explicit liber de herbis.

(II. Buch) de fluminibus

Capitel I. A q u a. Nach dem ersten Satz in G. ist ein Kapitel über Wasser und Luft eingeschoben. Nam aqua in tam mobili creatura... absque aqua nequaquam subsistere valeret. Ebenso ist am Schluß in G. ein Kapitel angehägt: Sol autem interdum ignem qui in aquis est attrahit.... Schließlich folgen noch zwei Sätze aus dem Kapitel de sale, vergl. Capitel CLXXXII.
Capitel IX. G l a n e. Am Ende in G. Sara est ut na, fluvius in husendorp (die Nidda!) ut renus. Damit ist die verstümmelte Stelle bei Migne Seite 1213 berichtigt.
Capitel XII. De Calamino und Capitel XIII De Crida bei Migne Seite 1214 fehlen hier in G.
Capitel XI. Ohne Überschrift (de terra subviridi). Am Schluß ist in G. ein Teil des Capitel XV (3. Buch) Contra scrophulas ohne Zusammenhang zusammengehängt. In G. „alder", in P. „halczer".
Capitel XII. Nun folgt: Terra que dicitur calaminum. Am Schluß in G. Quia oculos habet similes nubi in qua yris apparet et in eis caliginem aut alium dolorem patitur calaminum accipiat et puro et bono uino imponat et ad noctem tum dormitum uadit calamino ablato eodem uino cilia oculorum suorum exterius illimat, praecauens ne oculos interius tangat ne acumine calamini ledantur et maiorem caliginem incurrant. Es folgt dann noch eine längere Paraphrase. Capitel XIII. Terra que „c r i d a" dicitur.
Als Capitel XIV beginnt die Einleitung zu dem Baumbuch, die

also in G. mit dem Buche: De fluminibus vereinigt ist. Der 2. Satz in G. gibt richtigen Sinn. „Nam domesticae arbores, quae fertiles sunt et quae rectos fructus proferunt magis calide quam frigide sunt. Que vero rectos fructus non proferunt, ut sylvestres magis frigidae quam calide sunt.... Arbores autem et ligna de medulla sua uirescunt, sic et homo de medulla sua uiget, et si medulla arboris lesa fuerit, eadem arbor detrimentum sui sentiet. Arbor ex qua nus muscata crescit calida est, lignum autem et folia eiusdem arboris medicine non multum coaptantur, quia tota uirtus eius in fructu suo uiget. Arbor ex qua thus sudat calida est, et homo qui scrophulas in corpore suo habet, aut cuius carnem uermis corrodit corticem et folia eius arboris tollat et in mortario hoc contundat et demum aruinam eis addat et ita in aqua coquat. et sic ex eis unguentum faciat, atque cum illo locum scrophularum seu locum ubi uermes carnem hominis comedunt sepe perungat. et per calorem et uirtutem eiusdem arboris calore aruine contemperatis scrophule ille euanescent, et uermis morietur. (C-Initiale) Balsamus sive arbor ex cuius rimulis balsamum sudat calida est et regalem potentiam designat, sed homo qui a malis humoribus in amentiam capitis euersus est, de ligno arboris huius super uerticem et super occiput illius, scilicet ubi collum et occiput sibi occurunt ponatur, et calor et uires eiusdem arboris malos humores qui cerebrum et sensuales uenas eiusdem hominis in amentiam ducunt, deprimunt et sedant, et sic ille ad sensum suum reuertetur. Si autem quispiam de eodem ligno aut uino aut aqua inponeret et ita biberet, fortitudo uirium eius omnes humores hominis illius dissiparet, et in contrarium modum euerteret, et sic eundem hominem lederet, folia autem arboris huius ad succum contrita et unguentis addita, ea meliora et fortiora contra uarias infirmitates reddunt. Quia si uermis carnem hominis corrodit recentia folia eiusdem arboris loco illi superponat et uermes morientur et homo ille sanabitur Explicit liber de fluminibus."

Lib. De arboribus, Kapitelübersicht

In G. Incipinut capitula in librum de diversis arboribus
Cap. VIII. In G. richtig sperboum statt spirbaum bei Migne Seite 1215.

Cap. XXXIII. In G. richtig forha statt fornhaff bei Migne Seite 1215.
Cap. XXXIV. In G. spilboum, Cap. XXXV. In G. hainbucha
Cap. XXXIX. In G. meilboum, Cap. XLII. In G. mirzelboum.
Cap. XLVI. In G. hardrugelin, Cap. XLVII. In G. hiffa statt yffa.
Cap. XLVIII. In G. harboum, Cap. XLIX. In G. swlboum statt stulboum.
Cap. L. In G. priunna, Cap. LIII. In G. spine statt siome.
Capitel I. A f f o l d r a. In G. „lanken" statt dincken. Am Rande der Handschrift (Bl. 68b) ein den Kapiteln über die Bäume ähnliches Kapitel über „Arbor lignum aloes calidus est et signat hominem qui febres habet. — Ein zweite Beischrift über einen Baum, der „brechit" genannt wird, beweist die hier wirkenden Einflüsse arabischer Literatur.
Capitel IV. Q u i t d e n b o u m. Am Schlusse heißt es in G.: „Sal scilicet et secundum eius tertiam partem millefolii, maluam et hec simul contundat et supra ulcera ponat quia calor eius calorem ulcerum superat et succus millefolii fetidatatem eorum transiendo aufert, malua autem sanat.
Capitel V. P e r s i c h b o u m. Text in G. sehr verschieden von P. und A. In G. anscheinend unvollständig.
Capitel VI. C e r a s u s. Text in G. sehr verschieden von P. und A. In G. anscheinend unvollständig.
Capitel VII. P r u m b o u m. In G. „schupethe" richtig statt „stuphete". Die Stelle über die sympathetische Verwendung des Bodens unter Pflaumenbäumen fehlt in G., doch ist die Paraphrase zu dieser Stelle vorhanden.
Capitel VIII. S p e r b o u m. „rupen et zwyfeldern" in P., „rupen et pyfoltren" in G.
Capitel IX. M u l b o u m frigida est in bono. sed idem est, est enim „queck".
Capitel XI. H a s i l b o u m. In G. unvollständig, ebenso Capitel XII. K e s t e n e n b o u m.
Capitel XIV. V i c h b o u m. In G. Nam cum sol ad calorem estatis ascendere incipit arbor hic in viriditate sua ad calorem letatur, et se ad folia et ad flores dilatat. quoniam aura illa adhuc

tunc plus frigida quam calida est, et ideo eadem arbor calorem semper habebit, alioquin in frigore in interitum vadit. — Sed siquis humentes oculos habet, qui lacrimetur, folium de ficu quod de nocte cum rore perfusum est tollat, cum illud sol in ramusculo suo iam calefecit, et ita calidum oculis suis ad compescendum humorem superponat usquedum ab eis modice incalescant et sic non omni die faciat sed tertia et tertia die et semel tamen per diem ne si super modum fecerit madendes ocullus plus ledat quam eis succurat.

Capitel XVI. L a u r u s. Et si alicui cerebrum infrigidatum est (aus H_2 vergl. K a i s e r S. 166, 25). Qui autem in ira movetur (aus H_2 vergl. K a i s e r S. 198, 10). Text in G. weicht vielfach von P. und A. ab, P. erscheint hier mit sehr reichem Text.

Capitel XVI. O l e y b o u m. G. aus H_2 erweitert (vergl. K a i - s e r S. 167, 15, ferner S. 183, 31). Dafür ist P. und A. reicher an anderer Rezeptur 1. contra stomachum infrigidatum, 2. contra capitis dolorem.

Capites XVII. D a c t i l b o u m. In G. erweitert. Contra frenesim. Sed et qui freneticus est de ligne et de foliis ipsius arboris in aqua coque et aqua expressa idem lignum et folia ita calida capiti illius circumpone et hoc sepe fac et sensus suos recipet. In P. und A. erweitert: contra phlegma.

Capitel XIX. C e d r u s. Der Text ist in G. gänzlich verändert „Sed si quis leprosus erit et aliquo modo in corpore suo ulcerosus corticem de cedro et folia eius accipiat et eis recentem aruinam addat et hoc simul in mortario contundat et hoc condimento sepe lepram perungat. In G. ein Rezept contra colicam („uich"), bei Migne Seite 1231 das gleiche Rezept gegen Gicht. Auch hier P. reicher an Text.

Capitel XX. C y p r e s s u s. In G. eine besondere Einleitung „Ideo autem aqua uiui fontis sumenda est contra diabolicas illusiones contra maleficia quia eadem aqua aliis aquis robustior et quoniam de diversis aquis congregatur..." Hier ist die Paraphrase zu der Stelle: contra dyabolicas irretitiones dem ganzen Kapitel vorgesetzt. In G. „neuegere" statt „nebegor" bei Migne.

Capitel XXI. S y u e n b o u m. In G. findet sich von dem Rezept: contra dolorem pulmonis nur die Paraphrase.
Capitel XXIII. A b i e s. In P. reicher an Text. Die Anwendung contra coryzam aus H_2 (siehe K a i s e r Seite 243, 9).
Capitel XXIV. T i l i a. In P. reicher an Text.
Capitel XXV. Q u e r c u s. In G. et „archeit" designat statt nequitiam bei Migne. Auch in G. im Schlußsatz: tortuosa animalia, d. h. krummrückige Tiere, dagegen lautet die Stelle in A. virtuosa animalia... velut porci.
Capitel XXVI. F a g u s in G. „et cum quispiam homo in illo anno ‚freislichez', quod est selige in corpore suo habuerit". Im übrigen G. vielfach verstümmelt, besonders in dem Rezept contra „gelewesucht".
Capitel XXVII. A s c h. Das Bierrezept fehlt in G., ebenso das gegen Ziegenkrankheiten aus A.
Capitel XXVIII. A s p a. In G. fehlt das Rezept gegen die Gicht.
Capitel XXX. A h o r n. In G. Zusatz aus H_2 (siehe K a i s e r Seite 215, 3). In G. an dieser Stelle „schabe" statt quasi scalpens... abradat in H_2. Auch hier der Text bei Migne durch Mittel gegen „gicht" erweitert, sowie durch ein Mittel gegen Nasenleiden.
Capitel XXXII. B i r c a. In G. et infelicitatem signat.
Capitel XXXIII. F o r n h a.
Capitel XXXIII (34) .S p i l b o u m. In G. fehlt „contra splenis dolorem".
Capitel XXXIV (35). H a g e n b u c h a. In G. tritt von hier ab durch doppelte Aufzählung eine Verschiebung der Kapitelzahl um 1 ein. In G. vielfach gekürzt, auch durch Auslassung von Rezepten.
Capitel XXXVI (37). S a l w i d a. In G.: Nec quod salwida debilior est et „sunachera" (?) quam wida et ita omnia valet et obest sicut wida.
Capitel XXXVII. M a s c o l o r a.
Capitel XXXVIII. M i r t e l b o u m. In G. fehlt der Satz: „Sed si orfimae disruptae fuerint....
Das folgende Kapitel über den „Wacholterboum" schließt sich

direkt hier an. In G. folgt dann ein Auszug aus H_2 (vergl. K a i -
s e r Seite 175, 24).
Capitel XXXIX. H o l d e r b o u m. In G. richtig „cyclin" (=
Blüten des Holunderbaumes) statt „zechen" in P.
Capitel XL. B e l z b o u m. In G. fehlt das Rezept contra orfimas.
Capitel XLII. H a r t d r u g e l e n b o u m.
Capitel XLII. I f f a. In G. sind die Rezepte teilweise ausgelassen.
Capitel XLIII. H a r b o u m. In G. fehlt das erste Rezept contra
scabiem. Ruta in beiden Mss. = rutha geschr.
Capitel XLIV. S t u l b o u m.
Capitel XLV. P r i u n n a. In G. flores „priunnin" statt „prymen" in P.
Capitel XLVI. H a g e n b o u m est velut uncrut nec ad aliquem
utilitatem hominis valet.
Capitel XLVII. H i f a. In G. et qui pulmone dolet ita quod pulmo etiam putrescit accipiat „wippelen hifan" cum foliis et contundat et tunc non coctum mel eis addat et simul coquat et sprumam (= spuma) sepe auferat i. „feime" (= abschöpfen). In G. fehlt das Rezept contra infirmitatem stomachi.
Capitel XLVIII. S p i n e. In G. „wrenelichede"[1] statt „frebelkeit" in P. 2 Rezepte fehlen.
Capitel XLIX. V i t i s. Der Text in G. geht anfangs zusammen mit A., dann wieder mit P. und schließlich wieder mit A., doch nicht wörtlich.
Capitel L. V i c h b o u m (corrig. in Githboum). Direkt schließt hier das Kapitel De F u m o an.
Capitel LII. De m o s e. In G. gekürzt. Rezept contra gicht fehlt.
Capitel LIIII. Ohne Überschrift. Aus G. geht deutlich hervor, daß unter sysemera (P.) = symera (G.) der Altweibersommer gemeint ist, „qui quasi volitando supra terram cadit. Hec albugo habet similitudinem tele aranearum. Es folgt nun eine längere Paraphrase über die Natur des Altweibersommers und seiner Beziehung zum Menschen, dann heißt es weiter: homo autem eandem spissitudinem et purgationem aeris in estate et non in yeme accipiat, et huic bis tum de uetere aruvina addat, quia etiam sale

[1] Kühnheit, Verwegenheit.

perfusa et munda est, et in patella ad ignem commiscens calefaciat, et sic unguentum paret, et ubi gutta paralisis in homine furit, locum illum cum eo inungat. uel si homo in carne sua ulcerosus est eadem ulcera cum ipso perungat. Weiteres wie bei Migne. In A. ist das Kapitel de sysemera dem Kapitel de aere als zweiter Teil angehängt. Explicit liber de arboribus.

(III. Buch de lapidibus) ... Liber tertius

Prologus. In G. „gluten", in P. „glitten". In G. falsch „hominem" statt „angelum" in P. Sardonix richtig in G., statt cardonix bei Migne.

I a c i n c t u s. In G. ein Rezept contra febres interpolatas. Et qui ardentem febren i. fiber in stomacho habet, unde cotidiana et tertiana et quartana sepe nascitur. purum uinum in fictili uase ad solem ponat ut incalescat, et tunc etiam in idem uinum iacinctum mittat, ut etiam ipse in eodem uino calefiat et tunc ignitum calibem in ipso uino modice intinguat et sic ieiunus et ad noctem cum se in lectum collocat per tres uel per plures dies bibat et curabitur. Sed si secunda aut tertia die solem non habuerit ipsum uinum ad ignem de fago aut de tilia accenso calefaciat, et ei iacinctum imponat. atque ei ignitum calibem modice intiguat, ut prefatum est, et bibat et melius habebit. Nun folgt eine Paraphrase und ein Rezept contra dolorem cordis wie in P., dann eines in G. Contra risus excessum: Et siquis homo magno riso mouetur, ita quod eum valde libet ridere, et quod a risu se continere non potest, mox iacinctum in os ponat et risus in eo cessabit. Risus enim de suggestione dyaboli primum ortus est et ideo virtus iacincti eum deprimit. Nun folgt die übliche Paraphrase. Et qui mente et voluntate atque cor(pore)? incensus est in libidine, iacinctum apud se habeat et libidinem in eo extinguit. Sed cum homo iam in libidine ardet, iacinctum intente inspiciat et visus eiusdem hominis vires ipsius lapidis in cerebrum eius inducit et libidinem in eo extinguit. Et cum multa et magna delectatio in homine insurgit, iacinctum ad solem aut ad ignem praefa-

ANMERKUNGEN

torum lignorum calefaciat et cum eo crucem super ventrem suum et super renes suos ac super umbilicum faciat et delectatio carnis, siue femina, siue masculus sit, in eo cessabit. Folgt Paraphrase.
Capitel V. S a r d o n y x. „lanchen" in P. = inguina in G., cadit in P. = cadit i. „widersturzet" in G.
Capitel VI. S a p h y r o s. In G. erweitert. Paraphrase zu dem Kapitel Contra sensus debilitatem. Kapitel contra iracundiam verstümmelt.
Capitel VII. S a r d i u s. In G. Sicut deus primum hominem (!) angelum in abyssum deiecit. Nur in G. Contra febres et humorum ebullitionem. Et si quis fortissimas febres in se habet de quibus acuta, et „riddo" ac omne malum in homine facile crescit, ita quod et cutis eius exterius incalescere incipit, tunc cum post primum sompnum urinam primam emittit, mox in ipsam sardium urinam immittat et dicat. Ego proicio te in urinam istam in splendore illo, qui per voluntatem dei in primo angelo fulsit, et iterum interdum refulsit ut ab' (?) ab a homine isto cadas et recedas sicut splendor lapidis huius a primo angelo propter superbiam cecidit, et sic per tres noctes faciat. Quia mox post primum sompnum urina hominis fortissima est. Paraphrase. Daß diese Stelle authentisch ist, beweist das folgende Rezept contra gelwesucht, welches auf sie Bezug nimmt. Bei Migne gibt der Text hier keinen Sinn (vergl. Seite 1255).
Capitel VIII. T o p a z i u s. In G..: et claritas illa „brunnimar"(?)[1] aqua aliquantulum assimilatur, atque color eius auro similior est, quoniam gelo colori (Auripigment?) et ueneno resistit, ac „fechnisse", nec ea patitur. „swadet" in P. = sudat in G. In G. fehlen verschiedene Rezepte, z. B. contra lepram, contra splenis dolorem. Rätselhaft ist die offenbar eingeschobene Stelle: Moretum enim non a seipone sed aliunde vires habet etc.
Capitel X. J a s p i s. In P. „werck", in G. stuppa. In P. „gedrognuse", in G. illusiones. In P. verstümmelt „kniebeke" statt in G. „kintbedis". In G. Rezept contra mentis euagationem offenbar eingeschoben, dagegen fehlt: Et cui in corde aut in lenden ...

[1] statt „bruniuar".

ferner Et qui naseboz valde habet... Prasius Pl. 35/8 und Js. 16/7.
Capitel XII. C a l c e d o n i u s. In G. verstümmelt, sinngemäß aber heißt es dort: Et qui constantem mentem ad loquendum habere voluerit.
Capitel XIII. C h r i s o p r a s s u s. In G. fehlen die Rezepte gegen Zorn und Gift. Dagegen liest man richtig: tortellum para, velut „deicbroth", ferner Nam si homo ille libenter ridet et si homines beniuole i. „holtliche" inspicit, sed tunc oculos retorquendo uidit i. „schieliche" et si interdum dentibus frendet i. „grisgramet", ibi aereus demon lenis est. Eine leichtere Geisteskrankheit ist hier in ihrer Erscheinungsform sehr anschaulich geschildert.
Capitel XV. A m e t i s t u s. In G. Et cum crescit ita ebullit i. „uzbozet" ut „flius". Contra pediculos. Nam pediculi ex infirma aruina et ex infirma humiditate sudoris hominis crescunt et ideo lapis iste qui noxiam humiditatem in se non habet, in aquam ponendus est.
Capitel XVII. A c h a t e s. In G. erweitert: Lapis enim iste ad solem aut ad ignitum laterem calefaciendus est, quoniam calor solis et calor lune lateris, sanus et mundus est... Zweimal an verschiedenen Stellen: Homo autem qui caduco morbo fatigatur et ille qui lunaticus est achatem ad cutem suam ponitum semper habeat et melius habebit „Bewe" in G. statt „berre" in P. In G. fehlt ein Teil des Kapitels contra epylepsiam. Et qui caducum morbum habet, achatum per tres dies in aqua ponat.
Capitel XVIII. A d a m a n s calidus est et de quibusdam montibus in meridiana plaga nascitur qui huius nature sunt velut montes illi de quibus lapidee scindule scinduntur unde tecta teguntur et qui etiam sunt uelut quidam cristalle et cuidam uitro consimiles sunt etiam quasi „lechechte" = „lemechte" et quasi quidam cristallus „glasechte" et ex eadem „leygen" (Lehm!) quoddam „gedouz" quasi cornu (in P. fälschlich cor!) aliquando oritur magnae fortitudinis. Et quia forte et durus antequam magnus fiat ipsa „leya" (Lehm!) eiusdem montis circa illud scinditur et ita illud in aquam caditur in modum et magnitudinem „kisele". Sed quod postea in eodem loco eiusdem „leyen" nascitur debilior priori est. In den Anwendungen ist G. teilweise gekürzt.

ANMERKUNGEN

Capitel XIX. M a g n e s. In G. eingeschoben ist nach conflari solet der Satz: Leo enim strenuum et fortissimum calorem habet. Et etiam hyrcus ferocissimum calorem habet simul diu durare possunt et ideo sanguis eorum calibem igne suo confortat, ut lapidem istum incidat. Der zweite Teil des Kapitels fehlt in G.
Capitel XX. C r i s t a l l u s. In G. zum Schluß: Nam „nessede" ex superfluis et superhumandibus et malis humoribus nascitur, quos calor et aliquantulum virtus cristalli cum calore solis attenuat. C o n t r a s y n c o p i m sed et qui syncopim patitur letam mentem quidem habet, sed debilis et „amechtich ist". Et in uiribus suis. interdum repente defectum sentit, ita iacet velut mortuus sit. Et iste cristallum uel plures aut quidquid huic paro ad solem calefaciat et eas per dimidiam diem aut per horam unam super umbilicum suum sub stomachum ita calidas ponat, id est inter umbilicum et stomachum et hec sepe faciat ac etiam ipsum cristallum ad solem calefaciat, et uinum desuper repente fundat, et ita sepe bibat et syncopus cessabitur.
Capitel XXII. Perlin. In G. stark gekürzt.

(IV. Buch) de piscibus

Prologus. In G. sinngemäß: et de his „suuanger" erunt, statt: et de his sauiter edunt in P. In G. richtig: Et nullo alio cohitu ad concipiendum sibi conmiscentur ut „roge" aut „milch" in eis nascatur. In G. „a nauigantibus et piscantibus".

I Cete	XIII Forna	XXV Slia
II Merswin	XIV Mumwa	XXVI Grudela
III Husa(-Huso)	XV Bersich	XXVII Stegela
IV Sturo	XVI Mecheuich	XXVIII Steynbiza
V Salma	XVII Conca	XXX Culhouit
VI Welro	XVIII Rotouga	XXXI Cancer
VII Las(-Lasch)	XIX Asch	XXXII Anguilla
VIII Coppera	XX Allec	XXXIII Alroppa
IX Carpo	XXI Crasso	XXXIV Pumbelun
X Bresina	XXII Hasila	XXXV Lamprida
XI Elsna	XXIII Plica	
XII Scolno	XXIV Paffindume	

Capitel I. C e t e. In G. richtig: et de eisdem herbis comedunt, et sic „gelige" heerum (? eorum in P.) in ipsis crescere incipit. Die Mitte des Kapitels ist in G. sinnlos durcheinander gebracht. In G. und A. Sed et qui „wiza aut uel aut stein" in oculo suo habet aut caliginem patitur.....
Capitel III. M e r s w i n. In G. richtig: „rufet" statt „ruwet".
Capitel IV. S t u r o. In G. noch ein dem Schlußsatz in P. verwandetes Rezept: Contra serpentes aereos. Sed etiam si de ossibus eius in aliquo domo incenduntur aerei serpentes eam interdum deuitant nec ubi illusiones suas interim faciunt. sed uelut homo fetentem odorem fugit, sic mali serpentes eam tunc fugiunt, quia mundum animal non diligunt. Si autem homo in aliquo loco „gelithe" frangitur....
Capitel VI. W e l r a. In G. ein langes Rezept: Sed qui sanitatem cordis retinere vult.. os corporis sui, os sturionis radendo et scabendo puluerizet usw. wie in A., das wohl eingeschoben ist.
Capitel VIII. H e c h i t. In G. erweitert: „Nam natura piscis huius in uno studio et in uno modo..." (wahrscheinlich späterer Zusatz).
Capitel IX. S i l u r u s i. barbo. Anwendungen in G. erweitert. Nach... sanguinem parat, atque in stomacho infirmi simul coagulantur, et „slim" in eo parat... Sed nullus homo nec cerebrum nec fauces eius (statt grumum eius in P.) comedat, quia inde dolebit. Et lac quod in eo est ad comedendum homini malum est, quia eum laedit, ac „rogin" eius quasi uenenum est.... In P. dazu nur die Paraphrase.
Capitel X. C a r p o. In G. gekürzt.
Capitel XI. B r e s m a. In G. „sunnewacht" se in P. se „bechelt", in G. „bremen", in P. „bremium".
Capitel XIII. F o r n a. Nam secundum naturam quorundam uermium in profundo aquarum libenter uersatur, quorum etiam naturam ex parte habet, et etiam secundum naturam quorundam piscium ad fortem excursum fortiter sonantium aquarum ascendit.
Capitel XIV. M u n w a.
Capitel XV. B e r s e.
Capitel XVI. M e c h e u i s c h magis de frigido quam de calido

ANMERKUNGEN

aere est et diem diligit, atque in medietate aquarum libenter uersatur et etiam super lapides et scopulos libenter quiescit et gramine ac herbis pascitur et de hiis etiam fecundatur et carnes eius sane sunt tam infirmis quam sanis hominibus, et ut alii pisces „leichent". C o n t r a o c u l o r u m t e l a: Et qui „wiza" in oculis habet, fel eius accipiat et ei guttam puri uini addat, et cum illo palpebras et cilia eiusdem oculi liniat ita quod etiam oculum interius modice tangat. et hec sepe faciat et curabitur. Paraphras. Ein Vergleich mit P. ergibt, daß zu Capitel XVI der ganze Text in G. fehlt und ihm willkürlich der Text des Kapitels de Ascha angegliedert ist.
Capitel XVII. R o t o u g e. Et „mos" quod in scopulis crescit.
Capitel XVIII. A l l e c l i u o s u s est. In G. „calcos", in P. „calbaz". Nur in G.: Si autem siccum est et uetus, cum adhuc de coctione calidus est uino caminum(!) („cyminum") adde et desuper funde, et in eo per breuem horam „beize" et sic qui illud comedit minus inde dolebit. Paraphrase folgt.
Capitel XXIII. C r a s s o. In G.: in paruulis (rivis) i. „bechen", in P. in parvulis ripis (statt rivis). Ähnlich wie A. ein Rezept contra artheticam: homo autem qui paraliticus est, ita quod etiam furentem „gith" in se habet, pisciculos istos in patella modicum coquat.... uel si puluerem istum non habet, modicum minus de puluere poleie commisceat, et etiam modicum assi salis addat...
Capitel XXII. P f a f f e n d u m e.
Capitel XXIII. S l i a in G. sehr gekürzt, ebenso
Capitel XXIV. G r u n d u l a. In G. confricat, in P. affretant.
Capitel XXV. S t e c h e l a (Stichling!). In G. richtig: Nam cum interdum „berse" rogen suum emittit, „hechit" hoc uidens masculum „bersen" depellit et ipse desuper lac suum fundit.
Capitel XXVI. S t e i n b i z a. In G.: sed est fere ut uermis (statt „madum" in P.), et de spumis et de egestione piscium nascitur.
Capitel XXVIII. C a n c e r. In G. „et cum rogen suum effusurus est, in cauerna uadit et ibi grana sua uelut ova fovet, et postquam cancer unus nascitur et postquam vitalem aerem acceperit, iuxta matrem est, usque dum fortitudinem caudi (?) habeat, et tunc a matre se absoluit. Et deinde alius cancer simili modo facit, dum

omnia grana eius uitalem aerem accipiant et tunc amplius de eis mater non curat. In G. „criuezis smalz" statt „cresbeszmar".
Capitel XXIX. Aus G. geht hervor, daß das Kapitel Unde anguilla fit, in A. und P. verstümmelt ist. Es ist hier der Absatz voranzustellen: Cum aquatilis anguis oua sua olim in antiquitate temporum in aquam exposuit, lucius ea vidit, antequam anguille essent, et anguem illam de ouis suis pepulit et super illa lac suum refudit, et prope illa permansit, ac ea custodiuit, et anguis lucium extimuit, nec propius ad oua sua accedere audebat. et sic ex ouis aquatilis anguis et ex lacte lucii anguilla fit. Nun weiter wie in P. und A. In postero autem tempore .... Ein weiterer Zusatz in G. scheint nicht authentisch zu sein: Sicut autem homo naturam suam destituit pecoribus se commiscens ... (siehe Prolog!) Es folgt Capitel XXX ohne Kapitelangabe „U n d e l a m p r i d e f i t". In dieses Kapitel ist der Prologus des V. Buches de avibus in gleicher Fassung wie in A. eingeschoben. E x p l i c i t l i b er d e p i s c i b u s.

(V. Buch) de Avibus, in G. de uolatilibus

Prologus in G. wie in P. Offenbar ist in einer älteren Abschrift, von der alle Handschriften und Drucke abhängen, die ursprünglich zusammenhängende Vorrede einmal zerrissen worden und später wurde dann bald der eine bald der andere Teil abgeschrieben. In G. schließt der Prolog ohne Zusammenhang, jedoch nach dem Wortlaut der A.: antequam infulgens opus procedat, et ut uolatilia in aerem attoluntur et ubique in aere uersantur, sic etiam anima, dum etiam in corpore hominis est, cogitationibus suis elevatur, et ubique se dilatat.

I Grifo	VIII Aquila	XV Rephun
II Struz	IX Odebore	XVI Birchun
III Pauo	X Anser	XVII Falco
IV Grus	XI Halgans	XVIII Hauich
V Cignus	XII Aneta	XIX Sperwere
VI Reigere	XIII Gallus	XX Miluus
VII Wltur	XIV Urhun	XXI Weho

XXII Coruus	XXXV Ulula	L Merla
XXIII Dolo	XXXVI Huwo	LI Wazersteka
XXIV Crewa	XXXVII Cuculus	LIII Hyrundo
XXV Neuelcra	XXXVIII Sneppa	LIV Vespertilio
XXVI Musera	XXXIX Speith	LV Widewale
XXVII Ordumel	XL Passer	LVI Apis
XXVIII Alerria	XLI Meisa	LVII Musca
(im Text	XLII Drosela	LVIII Cicada
Alcreia)	XLIII Lerche	LIX Locusta
XXIX Mewe	XLIV Widoppa	LX Muoga
XXX Columba	XLV Wachtela	LXI Humbelin
XXXI Turtur	XLVI Nachtegale	Wespa
XXXII Psitacus	XLVII Vinco	LXII Glumo
XXXIII Pica	XLVIII Distiluinke	LXIV Megilanea
XXXIV Hera	XLIX Grasemusse	

Capitel III. P a v o. In G. erweitert wie in A. aus H₂ K a i s e r S. 208, 9, dort heißt es batheniam statt pandoneam: Sed homo qui ydropicum morbum habet pauonem s. masculum in aqua putei non autem in aqua salientis fontis cum ysopo coquat et carnes illas comedat. Postea cor et os quod in genu illius voluitur et ungues illius puluerizet, ita ut puluis de osse genuum bis tum sit quantum puluis unguium, et quod puluis cordis ex tribus partibus puluerem ossium genuum excedat; deinde pandoneam et ter tunc de leuistico et modicum de sagimine anguille in uino coquat, et per pannum colat, et huic uino predictum puluerem immittat et ita bibat et hoc per XII dies faciat. Paraphrase. Am Schluß noch ein Absatz über den Kranich: Nam grus calorem puri salis in se habet et in illo letatur, ideo carnes eius usui hominis utiles sunt. Das Kapitel schließt, ähnlich A.: Et si cocturam habes uesicam pauonis quam desuper ponis consume, et coctura tanto minus fetetur, et etiam solummodo sordes et putredines extrahit et non sanitatem. Sed etiam de „plumuederen" eius „cloz" para et cocture impone; et idem et putredinem et quod nociuum est extrahit et minus fetere facit.

Capitel IV. G r u s. Nur in G. Si quis per melancoliam tristis et compressus efficitur cor et iecur gruis super ignitum laterem exsiccet, et enulam et raphanum enule et uiscum piri ad pondus raphani omnia hoc puluerizet et frequenter commedat cum pane. Sed et omnia pulmenta quae idem homo commedit, spissa sint, et bono uino et pinguibus escis utatur.

Capitel VI. R e i g e r e. In G. et non nisi ut „doum" aquarum ascendit.... Et cui oculi caligant aut „seir" sunt....

Capitel VII. U u l t u r. Schlußsatz in G. Sed qui scrophulas in corpore suo habet, iecur uulturis exsiccet, et super eas sepe ponat et euanescent. Cetera que in eo sunt ad medicinam non ualent.

Capitel VIII. A q u i l a. Ein Zusatz in G. bringt weiteres über die Kraft des Adlerherzens: et si quis cor eius tante fortitudinis habere possit, ut in ea est, tanta scientia super humanum modum in eo claresceret, quod cor hominis sufferre non posset eam. Sed et „stochare" et „genseare" ac „hasinare" eandem naturam habent.

Capitel X. A n s e r. In G. Rezept: Contra siccam scabiem. Et smalz eius accipe et quanta tertia pars eius est, tamen ei alterius aruine adde et in patella similiter commisce, et in patella simul „zelaz" et sic commisce, ac qui scabiem quamuis fortem habet et cui cutis scinditur aut cui caput squamosum est cum eo se inungat et sanabitur. Paraphrase.

Capitel XI. H a g i l g a n s. In G. Homo autem, cui oculi caligant aut „segerent".....

Capitel XIII. G a l l u s e t g a l l i n a. Nur in G. nach dem Absatz über die Leber: Et quoniam gallus de aere terrestrium animalium est, eaque in terrenis in utilitate conueniunt, per tempora discernunt et etiam auram intelligunt, ipse enim in sensibilitate sua uelut quandam scripturam et uelut quandam ostensionem temporum et aurarum et etiam uoce sua auram aduocat, cum eam appropinquare nouerit. Sensibilitatem autem istam quam gallus habet, gallinarius et gallina pro debilitate sua non tenent. Wohl späterer Zusatz!

Capitel XVI. B i r k h u n. „birk hun enim fortem et sanum aerem in uesicam suam colligit, et etiam dulces et amaras herbas comedit, quarum succo eadem uesica temperatur...." Eine der Anwendung „contra cancros" vorangestellte Paraphrase.

Capitel XVII. F a l c o. Nur in G. „et in aere illo qui procellas

granduum et fulgurum et tonitruum infert versatur, nec procellas ullas timet, licet in eis delectatur, ita quod etiam tunc eodem aere uenae eius replentur ... quia enim herodius calidus est et altum (?) et sanum aerem habet et in se trahit et sagimen eius sanum est et ideo bono calore et bona uirtute sua, prauos humores de quibus scrophule oriuntur sanat. Wohl spätere Paraphrasen.
Capitel XX. S p e r w e r e. G. an verschiedenen Stellen verstümmelt. Et alte et inferius volat.
Capitel XXIII. C o r u u s. In G. offenbar ein Zusatz. „Nam quod deus moysi ostendit, quibus animalibus homo uesci deberet. ...
Capitel XXIV. C o r n i x et monedula.
Capitel XXV. N e u e l c r a calida est et „rumelich".
Capitel XXVI. M u s e r e.
Capitel XXIX. M e v a. In G. contra paralisim: et homo qui paraliticus est caput eius abiciat et pennas, et tunc cynamomum et laquiricium equali pondere pulverizet, et sic eam ad ignem asset et sepe comedat, et gich in eo cessabit et stomachum eius purgat. Nam quia eadem ales in undis procellarum versatur et quia aquosum aerem in se tollit etc. — Paraphrase... Sic et de ceteris precedentibus et subsequentibus intellegendum est.
Capitel XXX. C o l u m b a. Columba enim turbidum et pluvialem aerem amat et etiam tristem, et quoniam extraneam naturam habet, unde et caro eius frigida et aliquantulum arida est et ideo infirmis qui a gutta paralisis fatigantur ad comedendum non valet, quia arido succo suo infirmitates eorum augeret. Sed „holdube et holtzdube et ringildube" eandem naturam habent.
Capitel XXXI. T u r t u r ... et ideo libenter sola est, et quasi serium semper habet et ideo letitiam non quaerit, ideo non multum succi habet. Diese Stelle in G. muß für die sinnlose Stelle: et quasi seruum semper habet in P. eintreten.
Capitel XXXII. P s i t a c u s. In G. richtig: ac etiam secundum ignem et secundum fel aliquos colores in pennis suis habet.
Capitel XXXIII. P i c a. Nam quia grauis calor pice et aruina eius de mundis et immundis pascuis nutriuntur, prauos humores qui scabiem capitis parant auferunt, quoniam ad modus inimicus inimicum (?) fugat. Et est quasi „romlich", ita ut cum alienos ho-

mines aduenire senserit, ad aduentum eorum vocem emittit et pascua quaerit quae uenenosa et nociua sunt, siue herbe siue cadauera sint, et ideo caro eius ad comedendum ut „uirgiftenisse" contraria est.

Capitel XXXIIII. H e r a. Zu dem Compositum contra dolorem capitis in P. findet sich in G. nur die Paraphrase. Es folgt dann: Pestilentia enim de malis nebulis et de malo fumo aeris aliquantum nascitur, quoniam carnes alitis huius in aqua resolute sedant, quia de diuersis tempestatibus uires acceperunt, et ideo et tempestati pestilentiae resistunt.

Capitel XXXV. U l u l a. Auch hier in G. nur die Paraphrase über die Anwendung conta paralisim.

Capitel XXXVI. B u b o (nachtrauen) in G. „archeide", in P. nequitia.

Capitel XXXVII. S i s e g o u m e (pellicanus). In G. C o n t r a s u r d i d a t e m : Et qui in aliquo aure surdus est cor pellicani s. sesegoumen in aurem illam ponat... c o n t r a c a p i t i s i n s a n i a m e x d o l o r e. Et si quis in capite dolet ita quod insanire incipit iecur pellicani accipiat et ad solem aut ad ignem paulatim exsiccet et tunc in puluerem redigat, et huic puluere modicum plus de semine feniculi addat, et parum minus de semine fenugreci in puluerem redacti addat, et eas ita similiter super pannum ponat, ac ita cum panno illo super frontem et super tympora sua liget; ac ita in lectum se collocet, et melius habebit. Paraphrase. Sed et uesicam eius accipe et ad solem aut ad ignem exsicca et serua et cum „slier", aut alius tumor alicubi in homine exurgit ipsam uesicam saliua tua aut modica aqua madefac et desuper pone et suauiter franget. Paraphrase. C o n t r a m e m b r o r u m d i s i u n c t i o n e m u e l f r a c t u r a m. Quod si etiam homini alicubi os frangitur aut aliquod membrum eius de loco suo exilit accipe quod dicitur „nezze" in uisceribus eius et ad solem sicca ut seruare possis, et postquam os hominis „gewelles", tunc „nezze" istud cum „boum" oleo modice „bestrich" et desuper liga et fractum os similiter conglutinatur aut si de loco suo motum est ad locum suum reuertitur, et calor olei olyue illud sanat. Ceterea vero que in eo sunt ad medicamenta non ualent.

Capitel XXXVIII. C u c u l u s. In G. in blanda aura uersatur, statt in „blind" aura in P.; „roum" statt „raum".
S p e c h t (Kapitelzahlen fehlen von hier an!). „rost" statt „ronst", „bewirke" statt „virwircke".
P a r i x (in P. „Meysa"). In G. Sed et qui „gelesucht" habet, „meysam" accipiat et ei pennas auferat atque ita mortuam et integram super stomachum suum panno liget et „gelesucht" qui in ipso homine est, in eandem meysam transit, ita quod „gelevare" erit, et tunc illam auferat, et aliam stomacho suo supperponat, et sic sepe faciat, et curabitur. (Auch in A. IV, II 34.)
A m s l a. Nur in G. Penne autem auicule istius auferende sunt quia quoddam humoris in eis est et quoniam caro naturaliter sicca est, calorem et humiditatem „gelewesucht" in se trahit... gehört als Paraphrase wohl zu P a r i x.
D r o s l a. In G. richtig. Qui raucus in uoce est, eam in aqua coquat, et in aqua lineum pannum intigat, et cum panno illo madido totum guttur suum usque ad aures „bewe".
L a u d u l a. „wunesam" statt „wunsam". Nur in G. Eadem enim auicula inquieta est, et clamosa, ac interdum in inflatione uertitur et ideo cibo hominis inutilis est.
Capitel XLVII. I s e n b a r d o. Nur in G. et homo qui de ossibus avicule huius sub caput suum ponit cum dormit, horror eum in sompnis interdum non ledit, et dormire potest, etiam si prius dormire non potuit. Nam et bonam naturam et fortitudinem ossium eius maligni spiritus dedignantur, et eam deuitant... Paraphrase. Nam avicula haec pluuie et aque multotiens se mergit ut eis perfundatur, et deinde alas suas ad solem expandit ut in eo exsiccetur. Auch der Schluß: Caput autem eius et viscera... weicht in G. von P. ab.
Capitel L. N a c h t e g a l e. homo autem qui a paralisi fatigatur luciniam aut coquat aut assat, et sic eam sepe comedat, et gutta paralisis in eo cessabit.
Capitel LI. S t a r a. In G. ab inuicem statt ab inbicem in P., sed tunc non exeunt, richtig in G. Die ganze Stelle heißt dann: Sed et caput et uiscera ac penne eius propter malum humorem in eis existentem abicienda sunt, puluis (!) autem ex reliquo carne fa-

cies, quia bonum calorem habet prauos humores scrophularum depellit. Contra scrophulas (wie in P.) ... penne eius disiunguntur, ab inuicem, et mouentur, sed tum non exeunt.
Capitel LIIII. S i m e r a (= amera?) et grasemuka immunda sunt, nec ad medicamenta ualent.
Capitel LV. W a r f e n g e l.
Capitel LVII. W a s z e r s t e l z a. In G. erweitert: nam in aere illo qui circa aquas est libenter moratur, et ex eo uires habet, et qui sanitatem piscibus tribuit, et de eodem aere sanas carnes habet, nec uenenosis pascuis utitur, et ideo carnes eius homini in cibo bone sunt. Sed cor eius sicca, et apud te semper habe, et tum „uich" te fatigat (also nicht „gicht" wie in P.!). Es folgt nun in G. die Paraphrase zu dem Abschnitt: Et guttur eius sicca et serua.
Capitel LVIII. B e g g e s t e r z, wohl besser als „beynsterza" in P. Rezept c o n t r a t i n e a m u e s t i u m nur in G. Sed et ossa eius in puluerem comminue et in pannum liga, et pone ubi uestes sunt, et a tineis non leduntur.
Capitel LIX. H y r u n d o. Rezept c o n t r a a u r i u m a p o s t e m a in G. richtig: Et si homo „orclattren" dolet, oua hyrundinis ita integra cum testa combure, et in puluerem redige, et huic pulueri modicum plus de „hanensmalz" adde, et smalz „knit" et orclattren inunge...
Capitel LX. C u n i c g e l g e n (statt Cungelm in P.).
Capitel LXI. V e s p e r t i l i o. renes in G., „glancken" statt „lanken" in P.
Capitel LXII. V w i d e r v a l e. Seite 140 in G. Randnotiz: Bombex calorem calidi bris (?) et humiditatem roris habet... wohl späterer Zusatz.
Capitel LXIX. B r u c h u s (nur in G.) tepidum calorem habet in se, et tepidum frigus, et de putredine et de fetore nascitur, et si uermes carnem hominis comedunt, bruchus in puluerem redigatur, et idem puluis eisdem ulceribus imittatur, et uermes morientur, quia idem animal de immunda putredine est.
Capitel LXX. V w é s p a. In G. richtig: et si uenenum in illo est, uenenum ita infirmabitur quod ei non nocebit.

ANMERKUNGEN

Capitel LXXII. M e i g l a n a plus frigida est quam calida ... et huic minus de puluere meiglane herbe addat. Der Maiwurm (Meloe) wird hier deutlich von dem Kraut Maiglöckchen (Convallaria) unterschieden.

Ohne Übergang folgt nun in G. die Kapitelübersicht des **Buches VI de animalibus.** In G.: Reye, Steinbuc, Lusich, Das, Illedise statt Rech, Steeiboch, Daschs, Illodiso in P.

Capitel I. E l e p h a n s. Rezept C o n t r a p e c t o r i s d o l o r e m in G. ausführlicher als in A. Et qui in pectore aut in corde aut in splene aut in stomacho dolet, aut qui „gelesucht" habet nus muscatam et laquiritium equali pondere puluerizet, et tunc de osse elephantis ad solem calefaciat (et super caput suum ponat) et ad puluerem „schaue" ... Paraphrasen.

Capitel III. L e o. In G. und A. Et tante fortitudinis est ut si eum bestialis natura non domaret, lapides penetrare posset.... In G. „wee owe" emisit, statt planxit. Nur in G. Et linguam leonis sicca et serua, et si alicui homini lingua sua de aliqua infirmitate „uerlamat", ita quod loqui non potest ipsam linguam leonis lingue illius suppone, dum ab ea incalescat et dic: loquere adiuuatus per uiuentem deum in fortitudine leonis. Et tunc cum linguam hominis illius modicum moueri videris, linguam leonis aufer, nec eam ibi diutius iacere permittas. Et si homo ille nundum loquitur, tertia die idem fac, uel si nundum loquitur quarta uel quinta die sic facies, usque dum ille humana uerba proferat. Si autem prima die loquitur uel secunda uel tertia uel quarta uel quinta tunc linguam leonis super linguam illius amplius non ponas. Ne de fortitudine illius lederetur. C o n t r a i n c a n t a t i o n e s e t i n s i d i a s d y a b o l i , G. etwas veränderter Text als A. „et ab insidiis dyaboli et a „zoubere" et a ueneno facile non ledi poterit.

In G. P a r d u s calidus est et iocundus et uelox et fortis, atque amenitatem montium et uallium ac florum ac graminum et pulchritudinem aurarum diligit. Sed et leonem non abhorret nec leo ipsum propter iocunditatem suam, homo autem qui debilis in pectore et in stomacho est, et qui defectum in corde suo sepius sentit, cor pardi ad solem uel ad fornacis ignem exsiccet, et demum ut durare possit in puluerem redigat et eundem puluerem in pannum ponat et seruet, et cum defectum in pectore aut in stomacho aut in corde sentit ipsum puluerem eis superponat, et calore et uirtute illius melius habebit. Sed et homo ungulam cum pelle pedis, accipiat et apud se habeat; et ubi fuerint magica ibi ad plenum fieri non possunt, quia ibi aerei spiritus sunt qui magicis adherent, uelocitatem et uirtutem quam pardus in pedibus habet indignantes recedunt.

Capitel V. L e o p a r d u s calidus est et fortis et nequam in natura sua, et quia de duabus naturis est, in utraque defectum habet, et ideo nec caro nec pellis eius medicamento conueniunt.

Capitel VI. U r s u s. In G. Et ideo ursus dilectionem ad libidinem habet.... Sed pecora qui ruminant, a libidine cito cessant, que autem non ruminant a libidine non cito quiescunt. — Die Verwendung des Bärenfettes gegen Haarausfall ist einschließlich des Schlußsatzes in G. in zwei Varianten wiedergegeben. (Aus H_2, Kaiser Seite 165, 25.)

Capitel VIII. T i g r i s in desiderio est et calidus est. Rezept C o n t r a l e p r a m in G. etwas verändert. Nur in G. Contra bubonem: Et si ulcus aut „slier" in corpore tuo est, ita tamen quod hoc non sit, quod „freislichaz" dicitur, tunc pustulas desuper pone et sanabitur. C o n t r a d r a g u n c u l a m, et si uigis tumor qui draguncula dicitur in corpore tuo surgit, easdem pustulas desuper liga, et similiter „suezet" et suauiter euanescent. Cetera autem que in eo sunt ad medicamenta non ualent; quia super modum uelox est, quia etiam quod in eo mansuetum est in predictas pustulas transit. Im ersten Teil folgt hier G. dem Druck von 1533.

Capitel IX. P a n t h e r a in desiderio anime est.

Capitel X. H e l h o calidus est et magne fortitudinis et audax est et non multum imundis pascuis utitur, et caro eius per fortitudinem suam cibo hominis inutilis est, et quia helo fortis et audax est, si quis cor eius exsiccat et ita super cor suum ponit fortitudo illius timorem ab eo aufert, et audax eum facit. Homo autem qui a dyabolo fatigatur accipiat cingulum de pelle helon et cingulum de pelle capreole factum et hos duos cum quatuor minimis clauis de calibe factis simul confirmet s. clauo uno ad uentrem uno ad dorsum et ad utramque latus uno, et cum clauum illum qui ad uentrem erit infigit dicat, in fortissima ui omnipotentis dei ad tutamentum meum te benedico, et cum illum qui ad dextrum latus erit imponit dicat etc.... Aus H₂ K a i s e r Seite 194, 24.

E q u u s in desiderio est. Caro eius tenax est i. „zee". Nur in G. Ut homo autem uitrum forte faciat, quoniam ista in mortario in puluerem redacta esse deberet et non fragile accipiat stercus iuuenis equi, qui iam ad equitandum maturus est et qui tum in eodem labore interdum laborauit et stercus tauri huic addat, ita quod de stercore equi plus sit quam de stercore tauri, et hiis de puluere diptanni minus quam huius stercoris sit addat, et hoc in puluerem comburat, et etiam de puluere helhun (filix Randnotiz) quod in campo crescit minus quam de puluere diptanni sit, et hec omnia cineribus illis de quibus uitrum paratur comisceat, et tanto fortius sit et fragilitas eius tanto plus minuitur.

Capitel XII. A s i n u s in uoluntate est. In G. „walget" statt „walgert", bambicio statt bubicio. Nur in G. Contra scrophulas. Sed et si quis scrophulas in corpore suo habet propter laborem asini cum panno sudorem de ipso asino absterge, ita ut pannus ille de eodem sudore madidus fiat, et tunc cum eodem panno madido scrophulas „bestrich" et dic: O fetide scrophule cum feditate nature asini uos tango quatenus nobilissime nature filii dei uos subiciatis et euanescatis et hinc recedatis ita ne in hoc loco diutius permaneatis, et tunc ipsum pannum per breuem horam super easdem scrophulas iacere permittas, ut caro illa de eodem panno molescat.

Capitel XIII. C e r u u s. In G. serpentem[1], statt „unck" in P. Serpens autem ille albus est et non rufus, et quoddam uenenum in se habet per quod ceruus ille purgatur, et sic in arenosa aqua moratur, et sine aqua esse non potest, et in hac aqua ceruus eum querit et inuenit. Quem tum inuenerit ualde clamat usw. wie bei Migne Seite 1321 A. Zum Rezept für die Verwendung der

[1] Vergl. H₂ K a i s e r, Seite 34, 34.

Hirschleber gegen Gicht und als Purgans findet sich bei G. nur die Paraphrase.

Capitel XIV. R e e in uoluntate et frigidus est. In G. richtig „uich", statt „wicht". Zu dem Rezept gegen Magenschmerz in G. nur die Paraphrase.

Capitel XV. S t e i n b u c in desiderio est. nebula in G., statt „doffte", pruina statt „dauwe" — et nec per „gougel" nec per „zouber" extra uoluntatem tuam interim duci poteris. Nur in G. Et steinbuc in aprili letus est, et quandam spumam emittit. hanc spumam serua et super uiuos carbones in eodem loco proice et omnes illi aerei spiritus fugient, quia dedignantur quod steinbuc semper in ascensu est, cum ipsi semper in descensu sunt.

Capitel XV. W w i s a n t in perfectione est.... Si autem schelmo... fatigat „et occidit" (nur in G.) „de ossibus" (nur in G.) aut de cornibus wisant in aquam „scabe". Interessant ist hier die erklärende Paraphrase: Pestilentia enim animalium aliquantum de siccitate aeris, aliquantum de prauo et aquoso fumo aeris, aliquantum de praua nebula oritur, et hanc puluis ossium et cornuum animalis huius cum suauitate aque ad potandum eis cum datur fugat, nam idem animal solem diligit, et in splendore eius libenter uersatur.

Capitel XVI. B o s in perfectione est. In G. richtig „stechende" statt „schenden" in P., sepium statt „unslet". In G. richtig „saxifrage" statt „saxifrige" in A.

Capitel XV. (von hier an wieder richtige Kapitelzahlen!) O u i s siue aries siue agna sit in desiderio inceptionis est. Zu dem Rezept contra tussim in pectore in A., findet sich in G. anscheinend nur die Paraphrase. Es folgt wie in A. Mulier autem, cuius matrix interius frigida... aut cum marito suo, priusmodi cito iungetur (nur in G.). C o n t r a t u s s i m: Sed et de pulmone ouis sepe comede et tussim in te minuit (Fassung in G.)

Capitel XVI. H i r c u s uel capra in desiderio inceptionis et...

Capitel XVII. P o r c u s in perfectione est. Auch in G. wird von Schweinen angeführt, daß ihr Fleisch „tortuosa" sei, wie in P. Die Rezepte contra lepram finden sich in G. und A., aber in verschiedener Anordnung.

ANMERKUNGEN

Capitel XVIII. L e p u s in uoluntate est.. et saltus „ree" habet. Nur in G.: Et caro eius tam sanis quam infirmis ad comedendum bona non est. Paraphrase darüber folgt nur in G., „ruue" in G., „ruse" in P.
Capitel XIX. L u p u s in uoluntate est. C o n t r a g u t t a m. Homo autem qui de „gith" fatigatur accipiat folia „githboum" et „stancwrz" (in P. scal wurcz) et ea „stampe" (in P. „scampe"). „bruden" in G. „broch" in P., bedeutet Bruch oder Aufbruch.
Capitel XX. M u l u s calide nature est, et fortis, nec timorem habet, et quia de duabus naturis est nec caro nec ossa nec pellis ipsius medicine coaptantur.
Capitel XXI. C a n i s in G. etwas verändert. Et in quo homine perfidiam et iram scit, in ipsum sepe fremit et si in domo odium aut iram esse nouit in ipsa in semetipso... quia ubi leta futura sunt caudam mouet, sed ubi tristitia futura tristis ululat. Nur in G. Nam sicut cultores ydolatrum magno labore colunt et timent et uenerantur ac diligent sed tamen in munditiam suam non deserunt, sic et canis naturaliter dominos suos sequitur, et timet et diliget, sed tamen inmundus est et ab aere quem naturaliter in se habet, interdum ea que ad lesionem dominorum suorum eueniunt, presentit, et ea prodit, et etiam leta et tristia eis ostendit cum predictum est.
Capitel XXII. U u l p i s in perfectione est... et aliquid de scientia leonis et de moribus panthere habet, et hominem non uelut canis aliquantulum nouit. (Besserer Sinn wie in P.!)
Capitel XXIII. P i b e r in perfectione est. Nur in G. nach caro bona est: et hominem confortat et ei bonam digestionem facit, quoniam idem animal bonum aerem et de aqua et de terra trahit, et pellis eius in uestibus hominis bona est. Nur in G. Sed et mulier que menstrua habere deberet, sed menstrua in ea iniusto modo deficiunt, hec cum tempus suum instat de eodem puluere iecoris huius in calidum uinum (ponat et sepe bibat et suauiter purgabitur. sed et testiculum eius eodem modo in calidum uinum) positi, et sic uinum illud bibitum menstrua prouocat (et „fiber" compescit) quoniam bonus calor et bona fortitudo eorundem testiculorum... folgt Paraphrase. Hier sind drei Rezepte zu-

sammengeworfen. Nur das erste Rezept kann, wie ich das durch Einklammerung der eingeschobenen Stellen versucht habe, seinem ursprünglichen Sinn nach herausgeschält werden, die beiden anderen Rezepte finden sich in P. und A.
Capitel XXIII. O t t h e r in desiderio est et immundam naturam habet.
Capitel XXIV. S y m e a in perfectione est.
Capitel XXV. M e r c a z z a in uoluntate est... in G. sed bufonem et serpentem non lingit.
Capitel XXVI. C a t t u s in G. desiderat, ut aut bufonem (in P. „creden") aut serpentem lingat (in P. „lecket") ... et ut inde uitalem fortitudinem (in P. „labezocht") habeat... Schlußsatz nur in G. Sed et si homo de carnibus eius comederet, amens efficeretur, et caro eius uenenosa fieret, et ideo ea que in eo sunt ad medicamenta non ualent.
Capitel XXVII. L u s i c h (Beischrift linx) in uoluntate est (weiter wie in A.). Auch sonst bald nach A., bald nach P.
Capitel XXVIII. D a s c h in desiderio est et calidus et tacitam naturam habet et aliquantulum nequam et non „freuela" — Contra artheticam et paralisim: Accipe autem iecur eius et tam fortiter in aqua coque, usque tum per omnia comminuatur et de aruina eius adde, et etiam de „gichboum", et minus de „stauewrz" (Beischrift abrotano)....
Capitel XXIX. E l l e d i s o in perfectione est.
Capitel XXX. H e r i c i u s scilicet „swinigel" in desiderio est. Nur in G. Et homo qui de uich dolet cor eius exsiccet et puluerizet et de puluere isto in calidum uinum ponat. Iste enim hericius formidulosus est et propter formidinem se nusquam celat et abscondit etc. Offenbar späterer Zusatz.
Capitel XXXI. H e r i c i u s scilicet „huntigel" wie in A.
Capitel XXXII. E i c h o r n in desiderio est. Nur in G.: et de bestiis astutus und weiter wie in P. et de uolucribus uentosus est.
Capitel XLV (richtig 33). H a m e s t r a in perfectione est. Nur in G. Nam „hamestre" rapax est, et uelut accipeter, et nequam et fortis est... Lücke! ... et illud puluerizatum durare potest.

Der letzte Satz bezieht sich offenbar auf das in G. ausgelassene Rezept: C o n t r a o r f i m e e t d r u s e.
Capitel XLVI (34). M a r t s i l u e s t r i s in uoluntate est.
Capitel XLVII (35). V w a z z e r m a t in desiderio est.
Capitel XLVIII (36). Z a b e l in desiderio est.
Capitel XLIX (37). H a r m o in desiderio est.
Capitel L (38). C u n e g e l e n recti temperamenti aurarum est ita quod temperatum calorem habet, et sanum, leuis quia nature est et mundis pascuis nutritur, nisi fames interdum eum ad immunda compellat. Sed nec cor eius nec caro nec iecur ad medicamenta conuenit homo autem qui a gutta paralysis fatigatur, pellem eiusdem animalis cum crinibus pro ueste frequenter utatur, ita ut caro eius sepius inde incalescat, et quoniam eadem pellis recti temperamenti et leuis nature est, paralysim in illo compescit.
Capitel LI (39). B e s t i o l a q u e „v a c h" e s t, calida est, et acris in natura sua est, cor autem eius et iecur, et alia caro corporis ipsius ad medicamenta non multum ualent, pellis autem eius sanum hominem non multum ledit, illum autem qui febres aut aliam infirmitatem in corpore habet dolere facit, si ex eadem pelle ueste utitur, quia calor et acerbitas nature eiusdem bestiole febres et pestes in homine excitant.
Capitel LIII (40). T a l p a in perfectione est. Sowohl in A. wie als randliche Beischrift in G. findet sich ein Rezept aus H_2, K a i s e r, Seite 206, 12: Qui autem a caduco morbo fatigatur … panem autem et carnes, edi (sic.), interim comedat. In A. steht an Stelle von „edi" „haedi", was auch keinen Sinn gibt. Der gemeinsame Lesefehler in A. und G. zeigt, daß beide Handschriften auf eine ältere, nämlich H_2 zurückgehen, in der „etiam" steht. (H_2, K a i s e r, Seite 207, 22.)
Capitel L (41). U w i e s e l a in uoluntate est.
Capitel LI (42). M u s in desiderio est. In G. „vallende sucht" statt morbus caducus in P., in G. richtig et postquam deinde surgit, mox panis queratur, de quo mus comedit, et non alius cibus, et morsus muris qui in eodem pane residui sunt in aquam in uasculo pone…… Nur in G. C o n t r a d o l o r e m s t o-

m a c h i. Et si quis in stomacho dolet ita quod etiam stomachus eius ulcerosus est, murem modice debilitatum antequam moriatur accipiat et eum ita semiuiuum super stomachum illius dorso muris ad dorsum illius uerso et quicquid in stomacho eius est se euertit, et ita stomachus illius purgabitur et melius habebit.
Capitel LII (43). L i r a in desiderio est. Noch stärker gekürzt als P.
Capitel LIII (44). S p i z m u s in uoluntate est.
Capitel LV (46). F o r m i c a. „habecheswamp" in G. „habichswamp" in P. In G. heißt es: Deinde huic sepe de puluere „habecheswamp", et modicum minus de puluere uiole, quam „habecheswamp" sit, et de puluere „merve" minus quam uiole sit, et sic unguentum faciat.
Das Kapitel H e l i m , das nun in A. folgt, findet sich mit einem anderen Rezept unter Capitel X auch in G., dagegen fehlt in G. das Kapitel D e D r o m e d a. Es folgt nun in G. ohne Absatz der Prolog zum siebten Buch. Nach dem ersten Satz steht: Incipit prologus in librum de uermibus: Cum terra in effusione sanguinis abel... In der Kapitelübersicht steht: Vros (statt Ffrosch bei Migne), Lintwurm, Hormune (statt Harumna), Mul (statt Molle), Testudo (statt Testitudo) Tyriaca (statt Cyriaca), Schezeuedere (statt Schertzfeder).
Capitel I. D r a c o. Nur in G. C o n t r a g r a n e d i n e m (sic!) Si quis vero fossam in terram facit et cor draconis in fossa illa abscondit, grando ibi minus terram et fruges laedit, quia per malum multotiens malum fugatur.
Capitel II. Q u o d d a m g e n u s s e r p e n t i s...
Capitel III. A l i u d a u t e m g e n u s s e r p e n t i s. Dieses Kapitel hat in G. ausgedehnte Zusätze. Et cum in iverno tempore dies prelongari ceperint et cum sol ardorem suum extendit serpens iste maximam profunditatem per rimas terre intrat et in profundissimis cauernalis quendam albam radicem quaerit, que se in miram longitudinem extendere solet, et que de succo paradisi tangitur, et crescit, et ideo magnam sanitatem in natura sua et in gusto suo habet. Sed radicem istum homo nescit nec inuenire poterit quia deus eam homini celauit, quia si homo eam

sciret et haberet, quasi immortalis fieret; et tantas fortitudines per eandem radicem faceret quod et culturam dei obliuisceretur. Hanc ergo radicem serpens iste nouit, quoniam de illo genere est, qui hominem in paradyso seduxit, et ipsam radicem querit et postquam eam inuenerit sufficienter ex ea comedit, atque ex hoc usque ad mensem augustum sanus permanet. Sed cum augustus superueniret, fluentem aquam querit, et in eum uenenum suum euomit, et se purgat. Et si homo tunc de aqua illa biberet aut intumesceret, aut moreretur; et idem serpens propterea per hyemem periculosus et nociuus in ueneno suo est, usque (ad) illud tempus, quo predictam radicem comederit (späterer Zusatz?) C o n t a g u t t a m, Sed homo in estate eam occidat, et oculos tollat, et in tenui argento „besmide" et apud se portat, et a forti „gith" et periculosa peste non leditur. Idem enim serpens de radice ista magnam fortitudinem habet, ita quod et oculi eius quasi lucentes sunt (oder sint?) clarescunt et ideo cum eo tempore in argentum ponuntur, quoniam pure nature est, nociuos humores qui hominem ledunt hac uirtute sua fugant. C o n t r a e r i s i p e l a m: Et si ulcus aut „freislich" in homine nascitur cum eodem argento „bestrich", et suauiter sanabitur. Sed postquam in estate idem serpens predictam radicem comedit, si tunc usque ad mensem augustum hominem tetigerit, homo ex eo potius sanitatem quam infirmitatem consequitur, et si in aliquo orto aut agro tunc manserit, fruges et olera tanto abundantius (?) ibi crescunt. Cetera que in eo sunt ad medicamenta non valent.

Capitel IV. Cum autem homo diuinum honorem sibi et non deo attribuit et quia etiam homo per serpentem deceptus erat, serpens qui „lintwrm" dicitur diuina permissione in ultionem repugnantis deo hominis de prauo serpente in maximam multitudinem vel magnitudinem corporalis (?) molis excreuit etc. Offenbar späterer Zusatz.

Capitel VI. C r e d d a. Nur in G. et interdum sine periculo cum eo est... Cetera que in ea sunt mortifera uenena sunt, siue homo illa tetigerit, siue comederit, siue biberit.

Capitel VII. V r o s c h. In G. fälschlich „dufe" statt „bufo".

Capitel VIII. L o f v r o s c h.

Capitel IX. H o r m i n e.
Capitel X. M o l.
Capitel XI. L a c e r t a. Contra capitis tineam et morfeam. Sed homo qui in capite grint habet, aut maculas in corpore... Rezept auch in A.
Capitel XII. A r a n e a. In G. erweiterte Variante, ähnlich wie in A. Sed cum aranea ueneno plena est, humorem suum per telam euacuat, et in hoc ita laborat, quia tunc minus aspera est, quam prius fuisset, cum autem se euacuauerit, cauernulam in tela facit, et in ea iacet, usquedum interdum impleatur, et tunc interim dum in cauernula sua euacuat iacet ferox in insidiis, tam homini quam animalibus existit. Ipsa vero tela ad ulcera hominum ualent.
Capitel XIII. V i p e r a. Nach „ut concipiat" nur in G. Et tunc in coitu altera alteri caput abrumpit per libidinem. Sed cum vipera, scilicet masculus cum interdum quoddam genus serpentis scilicet feminam uiderit, festinanter ad eam in libidine currit, et caput suum in os illius figit et semen suum in eam eicit, quod cum fecerit nichil aduersi ab illa patitur in absasione (sic!) capitis et ita uterque ab altero fugit, et cum eadem serpens oua parit, prestolatur si ille ueniat, et ea foueat, de quo concipit (?). Sed cum ille non uenerit, quia natura eius non est, ut, ille foueat, ispamet oua sua fouet, usquedum uiuere incipiunt. Et postquam fetus sui uixerint, serpens fugit, quia videns eam non esse sui generis. Et fetus illi crescunt in maximo periculo aliorum uiuentium, quia de duabus malis naturis generati sunt. Et si quis quicquid ex eis gustaret, statim eadem hora intumescendo corrueretur et moreretur.
Capitel XIV. B a s i l i c u s. G. fährt nach „tonitruo percussa sit" fort: Sed postquam aliquem uiuentem flatu suo necauerit, ex hoc tali modo fatigatur quod deinde per longas moras debile iacet, unde aliqui basylisci ex eadem fatigatione moriuntur, aliqui vero pristinas uires recipiunt. Sed interim dum in tali fatigatione est, facillime cecidi posset, si aliquis ei pro morte appropinquare auderet, attamen alium de minoribus animalibus in debilitate ipsum uidentibus mordens, quo facto idem animal, diutius uiuere non potest. Sed basyliscum (!) qui de ouo galline

progreditur aliquantulum lenior est quam do ouo serpentis, quamuis uterque mors omnium uiuentium animalium sit.
Capitel XVIII. S c e r c e u e d e r e. Nur in G. scerceuederam totam cum testa (!)
Capitel XIX. U l w r m. Nur in G. Ad menstrua prouocanda: Nam si aliqua femina (?) purgationem menstruorum non habet, „ulwrme" cum ad descensum pluuie procedunt, accipiat, et in testeo uase de ordaceo fumo suffocatas modice comminuat, et tunc eos in lineum subtilem pannum ponat, et pannum illum in succo metre modice contrite intingat, quantus succus metre illius humorem uermium illorum contineat, ne pertranseat pannum, et tunc eundem pannum in album siccum (?), aut in ueterem et subtilem lineum pannum ponat, et ita paret, ut fossule umbilici sui infigat, ac in umbilico modice circumponat, et tunc forti cannabinea zona circa se liget ne diffluat, et ita per quinque dies circa se habeat, atque in eisdem quinque diebus feces uini aut cereuisie cum modico uino aut cum sagimine calefacte in mane diei pranse et ad noctem cum se in lectum collocat bibat, et suauissime habebit. Quod si etiam in carne hominis crines recentes procedunt et crescunt de quibus ille molestiam in ipso loco tenet „ulwrme" cum audaceo fumo in uase testea suffocet et carnem suam ubi crines recenter crescunt illiniat, et tunc cum simila farine et aqua tenuem liquorem velut claretum faciat, et eundem liquorem cum penna super eosdem uermes et super ipsam carnem „striche", et ita sepe faciat et carnem illam infecundam et sterilem in crinibus faciet, ita ne amplius procedant. C o n t r a u e r m e s. Sed et „ulwrme" accipe, et eos cum ordeaceo fumo suffoca, et in testeo uase, cum ligne de quercu comminue et tunc ipsis eiusdem mensure maluam adde, et deinde uelut tertiam partem eorum hyrcinum sepum commisce, et etiam plus butyri adde quam omnium istorum, et tunc ea omnia similiter in patella coque, et sic fac unguentum, et cum eo inunge, siue integras siue ruptas scrop'hulas et carnem illam qua uermes comedunt et magna et fortia ulcera corporis tui et sanaberis. Qui etiam in „hagendruse" aut in glandulis dolet, stercus „ulwrme" in testeo

uase ad ignem calefaciat et in lineum pannum ponat, et ita calidus ubi dolet ponat, et hoc sepe faciat, et sanabitur.

Das nun folgende Rezept contra stomachi dolorem findet sich auch in P. und A. Es nimmt Bezug auf die vorausgehenden, woraus sich deren Echtheit ergibt.

Capitulum XVIII. T e s t u d o. Die drei Rezepte c o n t r a m o r- b u m p o r c o r u m, c o n t r a m o r b u m b o u m und c o n- t r a m o r b u m o u i u m scheinen ein Anhängsel an das 7. Buch von späterer Hand zu sein. Letzteres Rezept enthält überhaupt nichts, was sich auf die Testudo bezieht.

(VIII. Buch) de metallis Liber octauus

Capitel I. A u r u m.
Capitel II. A r g e n t u m frigidum est et de frigido aere est, und nun weiter nach A.
Capitel III. P l u m b u m.
Capitel IV. S t a g n u m in P. „augleder" ist in G. „ouchlider".
Capitel V. C u p r u m „crymphet" (P.), „rempet" (G.), „heupt- sichtum" (P.), „houetsichdum" (G.).
Capitel VI. M e s s i n c in P. „kalg" ist „calc" (G.).
Capitel VII. F e r r u m.
Capitel VIII. C a l y p s in P. „warmume", in G. „olera". — Es folgt nun nur in G.
Capitel IX. T e r r a quandam humiditatem in se habet, de qua arbores et herbe et gramina, et omnia que in terra sunt nascuntur uirescunt. Et humiditas ista aliquando (?) in quibusdam locis quosdam uermiculos, uelut aranea est, et huic etiam similes producit qui eadem humiditate et etiam fonticulo (?) uiuentes, iacentes, antequam ad plenum crescant, spumam ex se emittunt, et hec immundissima est, in uiuum argentum ebullit. — Späterer Zusatz? Es folgen nun drei Rezepte aus den Causae et Curae.

   1. C o n t r a f e t e n t e m a n h e l i t u m. Verwendung von galanga, feniculum, nux muscata, siehe Migne Seite 1134 und A.

2. Contra pulmonis dolorem. Verwendung von pisum, lens, poma, olera, Migne Seite 1134 und A.
3. Contra malos humores uiscerum et splenis. Verwendung von galanga, pyretrum, album piper, peffercrut, fabae farina, fenugrecum, laquiritium, feniculum, Migne Seite 1134 und A.
4. Contra excessum flegmatis. Verwendung von galanga, persicus, origanum (aus H_2 III Kaiser 174, 19), saluia, apium, album piper, etwas verändert, Migne Seite 1135 und A.
5. Contra paralysim. Verwendung von galanga, nux muscata, spica, „githcrut", leuisticum, saxifraga, pollipodium, Migne Seite 1135 und A.
6. Qui aliqua contrarietate dormire non potest. Verwendung von feniculum, millefolium, saluia, (aus H_2 IV Kaiser 184, 9) und Migne Seite 1156 D.
7. Qui vero griseos oculos habens in eis aliquo modo caligat. Verwendung von feniculum, aus H_2 III Kaiser 170, 14 und Migne 1157.
8. Sed et si aliquis oculos turbide... Verwendung von feniculum, aus H_2 III Kaiser 171, 19 und Migne 1157.
9. Sed etiam nimius dolor pro multo feruore in naribus. Verwendung von feniculum, anetum, Migne Seite 1157.
10. Homo autem qui malum humorem in infirmo stomacho habet. Verwendung von feniculum, urtica, libisticum, Migne Seite 1157.
11. Homo etiam quem melancolia uexat. Verwendung von feniculum, Migne Seite 1157.
12. Sed et si quis assas carnes. Verwendung von feniculum, fenugrecum, Migne Seite 1157.
13. Et si praegnans mulier. Verwendung von feniculum, aserum, H_2 IV Kaiser Seite 188, 5 und Migne Seite 1157.
14. Homo quoque semen feniculi accipiat. Verwendung von feniculum, galanga, diptanum, pilosella, Migne Seite 1158.

15. Quia si oues infirmari incipiunt Verwendung von feniculum, anetum, H₂ IV Kaiser 217, 37, Migne Seite 1158.

Incipiunt nomina herbarum			
Feniculum	uenichil	Nasturtium aquaticum	burnekarse
Canabum	hanef	Portulaca	burzel
Nigella	raddo	Aschalonum	aschloch
Pulmonaria	lincwrz	Agrestis lactuca	wildelatiche
Scolopendria	hyrselunga	Synapis agrestis	hederich
Gentiana	entiana	Lappa	cletta
Serpillum	cunnela	Cardus	distil
Marrubium	andorn	Unctuosa	menua
Sisimbrium	sesemere	Atriplex	melda
Cycuta	scherlinc	Aserum	gunderebe
Acedula	amphera	Sicinnira (?)	cle
Jouis barba	huswrz	Absinthium	wermude
Brionia	sichwrz	Tanacetum	reinewane
Frasica	wntwrz	Origanum	dost
Sanicula	sanicule	Millefolium	garwe
Hermodactilus	heilhouit	Dyptamus	wizwrz
Filex	farn	Febrifuga	matrene
Asara bachara	hasilwrz	Pilosella	musore
Aaron	arone	Solatrum	nathschade
Polipodium	steinvarn	Tapsus	wllene
Esula	woluismilch	Centaurea	centena
Strignus	dol	Elleborum	ziterwrz
Quinque folium	funfbleder	Basilica	basilie
Mandragora	mandrogore	Aquileia	agleia
Volubilis	winda	Oculus consulis	frideles ouge
Viticella	boborella	Semperuiua	sprincwrz
Melissa	binesuga	Peucedonum	berwrz
Lactucella	sunnenwerbel	Saxifraga	steinbreche
Humulus	hoppe	Ugera	wgere
Tybra	lauendula	Celidonia	goltwrz
Cerifolium	keruele	Scabiosa	grintwrz
Yposellina	bungo	Ibischum	jwesche

ANMERKUNGEN

Valeriana	denemarke
Nepta	nebeta
Rustica	biuerwrz
Genisia	gensecruit
Herba gith	murcruit
Ipia	hunsdarm
Capillus veneris	nesewrz
Nigella	elebia
Verbena	jsene
Patris saluia	scarleya
Rubea	rezza
Benedicta	benedia
Sanguinaria	blutwrz

Nomina arborum

Mespilus	mespilboum
Palma	dactilboum
Sauina	sewenboum
Fraxinus	asch
Tremulus	aspe
Alnus	erle
Platanus	ahorn
Taxus	juenboum
Vibex	birke
Pinus	vora
Fusarius	spilboum
Carpenus	hanbuche
Vlnus	wlboum
Lentiscus	melboum
Cornus	erlizboum
Dyamaracia	mazaldra
Martillus	mirtilboum
Rubus	hephe
Genesta	primme
Spina alba	hagendorn

Nomina piscium

Cete	waluisch
Delphinus	merswin
Ypocus	hulso
Rumbus	sture
Welra	welre
Esoc	salme lacsh
Silurus	copera
Siluirus	barbo
Corphus	carpe
Porca	bresene
Dendex	munwe
Sparus	barse
Timallus	esch
Gratius	crasse
Clebia	hasele
Solka	blike
Scowilla	paffendume
Tenea	slia
Saxatilis	grundele
Serra	stechele
Haymo	steinbiza
Capito	culhouit
Lampreda	lampride

Nomina uolucrum

Grifo	grif
Strucio	struze
Cygnus	swane
Ardea	reyger
Wltur	gir
Cyconia	odebore
Fulica	hagilgans
Artege	bwchun
Falco	ualco, erodius
Vros	urhun

Narus	musere	Capricornus	steinbuc
Onocrutulus	ortubel	Bubalus	wisant
Orix	here	Castor	biuer
Bubo	huch	Luder	otter
Pelikanus	husegum	Symea	affe
Ficedula	sneppe	Linx	luchs
Picus	specht	Taxus	das
Parix	meise	Lena	illedisse
Merula	amsla	Spyriolus	eychorn
Turtela	drochele	Marmatus	mart
Alauda	lewerke	Zebalus	zabel
Vpupa	widehoppe	Megalus	harme
Quiscala	wachtele	Mustro	spizmus
Phylomena	nachthegale	Cetulus	blintsliche
Sturmus (!)	stare	Rubeta	crede
Frigellus	uinke	Rana	vrosch
Carduellus	distiluinke	Ramunculus	horminne
Amerellus	amere	Basiliscus	lintwrm
Lucilia	grasemusche	Vipera	natere
Gruricula	wasserstelze	Scorpio	scherfedere
Tapula	wargengil		
Regulus	kuningilchin		

Nomina animalium

		Aurum	golt
		Argentum	silber
Elephans	elpindir	Plumbum	bli
Camelus	olbant	Stagnum	zien
Unicornis	einhorn	Cuprum	cupper
Tigris	tigerdier	Auricalcum	messinc
Panthera	panthyer	Ferrum	yseren
Capreolus	Ree	Calips	stael

Nomina metallorum

LITERATURVERZEICHNIS

A. Werke über Hildegard von Bingen als erste deutsche Ärztin und Naturforscherin

1. Berendes J.: Die Physika der hl. Hildegard. Pharmazeutische Post. Wien 1896.
2. Bühler J.: Schriften der heiligen Hildegard von Bingen. Aus den Büchern deutscher Mystik „Der Dom". Inselverlag. Leipzig 1922.
3. Geisenheyner L.:
   a) Über die Physika der hl. Hildegard von Bingen und die in ihr enthaltene älteste Naturgeschichte des Nahegaues. Sitzungsbericht des Naturh.-Vereins des preuß. Rheinlandes und Westfalens 1911. 2. Hälfte E.
   b) Einige Nachträge zu obiger Arbeit. Bericht über d. Vers. d. Bot. Ver. für Rh.-W. 16. und 17. Juni 1916, ebenda 1916.
4. Kaiser Paul:
   a) Die naturwissenschaftlichen Schriften Hildegards. Berlin 1901 bei Gärtner.
   b) Hildegardis Causae et Curae. Leipzig 1903 bei Teubner.
5. May J.: Die hl. Hildegard von Bingen. Kempten und München 1911.
6. Meyer E.: Geschichte der Botanik. 4 Bde. in 8°. Königsberg 1854—1857.
7. Migne J. P.: S. Hildegardis abbatissae opera omnia. Patrologia latina Bd. 197. Paris 1855.
8. Reuß F. A.:
   a) Analecta ad antiquitates florae Germanicae. Würzburg 1834.

b) De libris physicis S. Hildegardis commentatio historica-medica. Würzburg 1835.
c) Prolegomena et Adnotationes zu S. Hildegardis Abbatissimae Subtilitatum Diversarum Naturarum Creaturarum, siehe M i g n e Nr. 7.
d) Der hl. Hildegard subtilitatum diversarum creaturarum libri novem. Annalen des Vereins für Nassauische Altertumskunde und Geschichtsforschung VI. Bd., 1. Heft. Wiesbaden 1859.
9. R i e s c h Helene: Die hl. Hildegard von Bingen, 2. und 3. Auflage 1920.
10. P i t r a J. Bapt., Kardinal: Analecta sanctae Hildegardis. Typis sacri montis Casinensis 1882.
11. S t r u n z Fr.: Die Vergangenheit der Naturforschung. Jena 1913.
12. W a s m a n n Erich S. J.: Die hl. Hildegard von Bingen als Naturforscherin. Festschrift der Görresgesellschaft für Georg Hertling. Kempten-München 1913.

B. Weitere einschlägige Schriften

13. B a l d n e r Leonhard: Vogel- Fisch- und Tierbuch. Herausgegeben von Robert Lauterborn-Ludwigshafen 1903.
14. B a u h i n u s Johannes: De plantis a Divis Sanctisve nomen habentibus. Basileae 1591.
15. B j ö r k m a n n : Die Pflanzennamen der althochdeutschen Glossen. Zeitschrift für deutsche Wortforschung. 2, 3 (1902), 6 (1904/05).
16. C h o u l a n t Ludwig: Handbuch der Bücherkunde für die ältere Medizin. 2. Auflage. Leipzig 1841. Neudruck des Verlags der Münchner Drucke 1926.
17. C o n s t a n t i n u s A f r i k a n u s : De gradibus simplicium. Basileae 1530.
18. D r a g e n d o r f f G.: Die Heilpflanzen der verschiedenen Völker und Zeiten in 8°. Stuttgart 1898.

LITERATURVERZEICHNIS

19. F i n k e Heinrich: Die Frau im Mittelalter. Freiburg 1912. Verlag Kösel.
20. F i s c h e r Hermann: Mittelhochdeutsche Rezeptare aus bayerischen Klöstern und ihre Heilpflanzen. Mitt. d. bayer. bot. Ges. IV. Bd., Nr. 6. 1926
21. F i s c h e r - B e n z o n R. v.: Altdeutsche Gartenflora. Kiel und Leipzig 1894.
22. G a n z e n m ü l l e r W.: Das Naturgefühl im Mittelalter. Leipzig und Berlin 1914 bei Teubner.
23. H a u c k: Kirchengeschichte Deutschlands IV. Leipzig 1903.
24. H e r w e g e n Ildefons: Les collaborateurs de S. Hildegarde Revue Bénédictine XXI. 1904, S. 192 ff.
25. H u b e r Alfons: Der hl. Hildegard mystisches Tierbuch und Arzneikunde. Gloriette-Verlag Wien.
26. J e s s e n C.: Über Ausgaben und Handschriften der medizinisch-naturhistorischen Werke der hl. Hildegard. Sitzungsbericht der math.-naturwissenschaftlichen Klasse der Königl. Akademie der Wissenschaften. 45. Bd., I. Abt. Wien 1862.
27. J e s s e n - M e y e r: Alberti Magni de vegetabilibus libri VII. Berlin 1867.
28. J ö r i m a n n Julius: Frühmittelalterliche Rezeptarien. Diss. Leipzig 1925.
29. M a r z e l l Heinr.: Unsere Heilpflanzen. Freiburg i. Br. 1922.
30. M i e l e i t n e r K.: Geschichte der Mineralogie im Altertum und im Mittelalter. Fortschr. d. Min. Kristall. u. Petrographie VII. Bd. Jena 1912.
31. P f e i f f e r F.: Bartholomaei introductiones et experimenta in practicam Hippocratis, Galeni et Constantini. Sitzungsbericht der Akademie der Wissenschaft. Wien 1863.
32. P r i t z e l - J e s s e n: Die deutschen Volksnamen der Pflanzen. Hannover 1882.
33. S i g e r i s t Henry E.: Studien und Texte zur frühmittelalterlichen Rezeptliteratur. Studien zur Geschichte der Medizin. Heft 13. Leipzig 1923.
34. S p r e n g e l Curtius: Historia Rei Herbariae. 2 Bde. Amsterdam 1808.

35. S t i c k e r Georg: Nährpflanzen und Heilpflanzen in der Geschichte. Naturwissenschaftliche Wochenschrift 1922, Nr. 45. S. 609.
36. W i m m e r J.: Geschichte des deutschen Bodens mit seinem Pflanzen- und Tierleben von der keltisch-römischen Urzeit bis zur Gegenwart.